69＋プラスαの語りの事例から学級経営の基本がわかる

納得！語りで子どもを動かす
学級経営

竹岡正和 著

語りのシーンに明るく楽しい
四コマ漫画付き！

語りのステップと指導のポイント
が見開きレイアウトで見やすい！

スリーステップで順番に
進められる！

指導時間の目安がある
から取り組みやすい！

様々な語りの事例を
掲載！

課題
①現状把握　③未来選択
教師と子どもは
課題を共に眺める関係
②語り

学事出版

はじめに

　本書には、学級開きで語りたいこと、子ども同士のトラブル時に語りたいこと、なぜそれをするのか語りたいこと等、子どもの心に響く語りを69＋プラスαに厳選しました。本書の特徴は一つの語りが見開きで完結されていることです。さらに「①現状把握　②心に響く語り　③未来を選択させる」の3つのステップで統一されています。①では、いきなり指導せずに「今、こうなっているよね」と教師と子どもで現状を客観的に眺めます。②で説得力のある語りをします。③の段階で「これからどうする？」と前向きな行動を子どもに委ねます。子どもから「このように行動したい」と自己決定してもらいます。構成として、左ページでは教師と子どものやりとりが漫画と会話形式になっているのでイメージがつかみやすくなっています。右ページの「指導のポイント」では、より具体的な指導がわかります。各章の内容は次のようになっています。

第1章　1年間を左右する学級開きに語りたい内容
　　　　プラスαの「波紋の語り」は、語りの後、よい行動を増やすものです。一つの語りを入れてそれで終わりではなく、よい行動をする子を見つけて褒めて広げる手立てを紹介しました。
第2章　ベテラン先生がよく使う学級ルールの語り
第3章　話の聞き方、返事の仕方、文を書く理由など学習規律に関する語り
第4章　当番や係活動をサボってしまう場面、困難なことも粘り強くやりとげてもらいたい場面など、ついつい子どもが手を抜きたくなる場面での語り
第5章　話し合いを盛り上げる語り、友だちと進んで関わり合うための語り、体育でトラブルが生じてしまった時の対応　＊特に体育でのトラブルは解決しないと教室まで引きずり、後の授業に影響を与えてしまう場合もあります。
第6章　教室のゴミを進んで拾ったり、プリントを受け取るときは両手で受け取る、消しゴムのカスを床に捨てないなど、相手を思いやる上品な雰囲気を作る語り
第7章　日常で起きる小さなもめごとの対応、専科の時間にふざける子への語り、お菓子を食べたことが発覚した時の対応、「死にたい」といった訴えへの緊急対応まで、生徒指導に関する語り

　本書はどこからでも読めるので辞典のように活用することもできます。本書の語りが皆様の教室の役に立つことを願っています。

竹岡正和

目 次

第6章 学級の雰囲気を上品にする編

第7章 それでもトラブルが起きてしまったら…子どもが納得する対応編

あとがき

第1章

4月にやっておきたい！
1年間を左右する学級経営の肝
10選プラスα

1 なぜ学級目標を決めるの？
子どもにストンと落ちる語り

⏱ 指導時間の目安 **5分**

―先生、学級目標って大切ですね！―

語りのステップ

① 「現状把握」：なぜ学級目標を決めるのか？考えてもらう
② 「心に響く語り」：船は目的地がないと海に漂ったまま。学級も目標を決めないと進めないことを語る
③ 「未来を選択させる」：1年後のクラスの目的地を決めるのが目標。話し合って決めることを伝える

なぜ学級目標を決めるのか聞く

学級目標を決める場面です。子どもは学級目標を決める価値をあまり感じていません。

「これから学級目標を決めます。そもそも何で学級目標を決めるかわかるかな？」

挙手させて数名に聞いてもよいです。

「広い海に浮かぶ船を想像してごらん。目的地を決めないと船は動き出すことができないよね。どこに向かって行けばよいかわからないから」

学級目標を決めないと進み出すことができない語り

「教室も同じです。1年後の3月に学級がどのような状態になっているのか目標を決めるのです。目標を決めると、皆で出発することができます。それが学級目標です」

1年後、どんな学級にしたいか皆で決めようと語る

「今、○年○組号という船が海に浮かんでいます。来年の3月に向けていよいよ出発します。皆さんはどんな学級にしたいですか。隣同士で相談してごらん」

「明るいクラスかな」

「トラブルの少ない楽しいクラス」

「それを皆で話し合って決めようね」

クラスを「海に浮かぶ船」に、学級目標を「目的地」に例える

学年が上がるにつれて学級目標を「決めたら掲示して終わり」と考える子が増えていくように思います。学級目標を決めることを具体的にイメージさせることが大切です。広い海に浮かぶ船、車のカーナビなど子どもに馴染みやすい身近な例を使って語ると良いです。

語りのステップ ① のポイント

黒板を広い海に例えて真ん中に簡単な船の絵を描きます。
船には「○年○組号」と書くと子どもは自分のこととして考えやすくなります。
そこで「広い海に浮かぶ船を想像してごらん。この船は○年○組号です。先生と皆の35人が乗っています」と語り始めます。

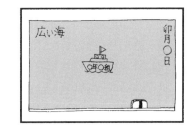

語りのステップ ② のポイント

「目的地を決めないと船は動きださない」様子を船に矢印をたくさん入れることで、方向性の定まらない船を演出することができます。学級も同じで目標を決めると3月のゴールに向かって動き出せることを伝えます。海に浮かぶ船の例と学級目標が子どもの中で繋がるのです。
「車のカーナビも目的地を決めないと出発できません。このカーナビに目的地を入れることが学級目標を決めることなのです」
カーナビの話をつけ加えると、さらにイメージしやすくなります。

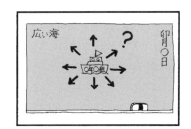

語りのステップ ③ のポイント

話を聞くだけだと飽きます。
そこで「3月にこの教室がどんな状態になっているといいと思う？　よい学級だったって思いたいよね。その『よい』を具体的な言葉にするのが学級目標だよ」と語り、「どんな学級にしたい？」と隣同士や班の仲間と相談させると活動的になります。

黒板に絵を描きながら語ると子どもの注目を集めやすくなります。

こんな学級目標の決め方も！

学級目標を1学期の中盤に決める方法もあります。「皆と過ごしてきて、こういう学級にしたいなあという願いはありませんか？」と投げかけるのです。数ヶ月過ごしてきて学級の課題が見え始める時期です。そこを捉えて話し合い、「こういう学級にしていこう」と目標を決めるのです。子どもの実態から出発する学級目標の決め方です。

2　全員参加の学級目標の決め方

⏱ 指導時間の目安 **30分**

―みんなで決めるからこそ目標を守ろうという気持ちになる―

語りのステップ

① 「現状把握」：「日本一◯◯クラス」に言葉を入れて一人ひとりが目標を考える
② 「心に響く語り」：全員の目標を覚えるのは大変なので投票で3つに絞ることを語る
③ 「未来を選択させる」：3つを合わせて「日本一◯◯で◯◯する◯◯なクラス」のようにまとめる

「日本一◯◯クラス」に入る言葉を考える

「学級目標を決めます。3月の終わりまでに皆さんはこの◯年◯組をどのような学級にしたいですか。『日本一◯◯クラス』の◯◯を考えます。できるだけ短い言葉がいいですね」

書かせる前に隣同士や班で自分の考えを発表してもらう場面を作ると、思いつかない子の参考になります。

出された目標を投票で3つに絞ることを伝える

「黒板を見てごらん。どれも目標として素敵だよね。けれど全ての意見を覚えることは難しい。だから皆の投票で3つに絞ります。一人3回手をあげてもらうので大切な目標を3つ選びましょう。日本一仲良しなクラスがいい人？」

このようにして子どもに聞いていきます。

3つの意見をまとめて完成させる

「それでは多かった意見の『明るい』『笑顔』『思いやり』の3つを合わせます。隣同士で話し合いましょう。」

「日本一、明るくて、笑顔があって、思いやりあるクラス」

数名に発表してもらい、教師が決めるとよいです。

指導のポイント

全て板書することで「自分も学級目標作りに参加している」と一体感を持ってもらう

自分の考えた目標を隣の子に伝えたり、班の仲間に伝えたりと意見を発表する場面を意図的に作り出します。「皆の前で発表するのは恥ずかしいけれど隣の人なら」と思う子が教室にいます。そうした子も活躍できる場を作り出すことできます。

語りのステップ①のポイント

目標を書く前に隣同士や班のメンバーと発表し合う時間を取るとよいです。いきなり書くのが難しい子の参考になります。また、「明日、学級目標を決めるので連絡帳に書いてきましょう」と宿題にすることもできます。その時は「日本一○○クラス」とフォーマットを示すと書きやすくなります。

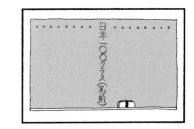

語りのステップ②のポイント

学級目標を発表する段階です。発表を聞いて教師が板書する方法もあります。ただし、時間がかかるので子ども自身に意見を板書してもらう方法もあります。「1班の人、前に出て来て黒板に書きます」と伝え、次の班からは「2班の人、黒板にある以外の意見がある人だけ書きに来ます」と伝えます。

投票で選ぶ場面での注意点です。誰も手をあげない意見があった時、「先生はこの意見とっても大切だと思います。けれど3つの中には入らないだけなのですよね。」とフォローします。本当は話し合いで決めるのがよいのですが、4月なので難しいと思い投票という形にしました。

あらかじめ黒板の上の所に箇条書きの点（○）をチョークで打っておくと、子どもは意見を書きやすくなります。

語りのステップ③のポイント

3つの意見を一つにまとめる場面です。子ども同士で話し合って決めるのが難しい場合は、教師が「3つを合わせて、『日本一明るくて思いやりある笑顔あふれるクラス』にしましょう。これでいいかな？」と決めると時間短縮になります。

学習端末を使った学級目標決めも！

子どもの発表を聞き取って教師が板書するのが授業のオーソドックスな形です。ただ、時間が掛かるのが短所です。一人1台の端末ならGoogle formsでアンケート形式で集約することも可能です。

これだと、集約があっという間に終わります。

3　トラブルが起きた時こそ学級目標が役立つチャンス！

⏱ 指導時間の目安 **10分**

―「みんなで決めた目標だからみんなで守ろうよ」の語り―

語りのステップ

① 「現状把握」：「まあ、まあ」とトラブルをいったん止める
② 「心に響く語り」：トラブルの当事者に学級目標を読んでもらう
③ 「未来を選択させる」：「みんなで決めた目標だからみんなで守ろうよ」と語る

「まあ、まあ」とトラブルを止める

休み時間、二人が言い争いをしています。

「ほらほら、まずは落ち着いて。何があったか順番に聞きます。先生はどちらが悪いか決めるために話を聞くのではありません。どうしたらこのようなことが起きないか一緒に考えるために話を聞きます。まずはAさんから聞くよ」

AとBが現状を話します。

学級目標を読んでもらう

「どうすれば、このようなことにならなかったかな。順番に言ってごらん」

「手を出さずに口で言い返せばよかったです」

「もう少し優しい言い方をすればよかったです」

「お互いに悪かった所を謝ってこのことは終わりにします。いいですね。それでは謝りましょう」

お互いに謝る。

「2人とも学級目標を読んでごらん」

皆で決めた目標だから皆で守ろうよ

「皆で決めた目標だからさ、皆で守ろうね。
先生が声かけたのは、2人が学級目標と違うことをしていたからだよ」

指導のポイント

「どちらが悪いか決めるためではない」と伝えるだけで怒りのトーンが下がる

言い争いを始めとするトラブルを見かけます。まずは落ち着かせることが大切です。その時に「どちらが悪いか決めるために話を聞くのではないからね。先生は裁判官ではないのでジャッジをしません。どうしたらこのようなことにならなかったか一緒に考えたいのです」と伝えます。こうすることで、子どもの興奮状態が少し下がります。

語りのステップ ① のポイント

まずは落ち着かせることを最優先にします。ついつい強い口調でトラブルに割って入ってしまいがちです。子どももヒートアップしてしまいます。できるだけこちらが落ち着いた口調で対応します。

次に一人ずつ順番に話を聞きます。いろいろ言い出す子もいるので「そうか、そうでしたか」と受けてあげます。そして「どうすれば、このようなことにならなかった？」と質問します。質問することで、子どもは自分の行動を客観的に振り返ります。

語りのステップ ② のポイント

休み時間、2人のトラブルの場合、お互いの悪かった点を謝って終了です。最後に学級目標を読ませます。トラブルの興奮状態が収まらない場合は、先に学級目標を読ませるか、教師が「ちょっと待って！学級目標の『仲良く』って書いてあるのに違うことしているから話を聞きます」と最初に教師が学級目標を持ち出す場合も考えられます。

語りのステップ ③ のポイント

「皆で決めたことだよね。だから守ろうよ」が落とし所になります。

学級目標の話し合い場面で興奮した話し合いになったら、「ちょっと待って！一回学級目標を皆で言います。さん、はい！」と読んでもらいます。「今の話し合いは学級目標の『明るい』雰囲気になっていますか？なっていませんね。皆で決めた目標です。皆で守りましょう」と語ることができます。

学級目標を引用して語ることで、学級目標を意識するようになります。決めても掲示だけで終わってしまうと学級目標は風化してしまいます。

学級目標の言葉とトラブルを多少こじつけでもよいので結びつけます。「今の雰囲気は『明るい』とは言えないよね」などと。

4　子どもがずっと教科書を大切に使う語り

―教科書を配るときは税金の語りで―

語りのステップ

① 「現状把握」：教科書を配る前に「全部でいくらすると思う？」と聞く
② 「心に響く語り」：税金によって無償で賄われていることを語る
③ 「未来を選択させる」：受け取ったら感謝の気持ちを込めて名前を書こうと伝える

「全部でいくらするか」子どもに聞く

教科書に込められた思いを伝えることで、子どもはいつもと違った気分になります。

「これから○冊の教科書を配ります。教科書全部でいくらすると思いますか？」

「2000円！」「5000円！」

税金で無償で賄われていることを語る

「正解は…無料です！」

「えー!!」

「正確に言うと、見ず知らずの大人が汗水流して働いた税金で買っています。皆さんが10年後、立派な大人になってほしい、そういう願いから税金で買ったのです。ですから皆さんは無料なのです」

1年間ずっと大切に使おうと語る

「これから1冊ずつ配ります。大切に1年間使いましょう」

「どのように教科書を受け取りますか？」

「両手で受け取ります」「お礼を言います」

「では実際に配りますね」

教科書に込められた大人の思いを伝える

新学期、当たり前のように配付される教科書。配る前に、税金で賄われていることを伝えます。子どもは何の気無しに受け取っていた教科書が違ったものに見えてきます。無料の裏にある、立派な大人になって欲しいという願いが税金に込められていることを語りましょう。

語りのステップ ① のポイント

全部で○冊ある教科書がいくらするか聞く場面です。
子どもにたくさん予想してもらいます。中には「0円」と言う子もいるかもしれません。それでも多くの子どもは思い思いの金額を口々に言うはずです。
最後に「正解は…」と少し焦らしながら発表するとよいです。

語りのステップ ② のポイント

「税金」と聞いたことはあるけど、詳しくは知りません。
したがって税金の意味を簡単に語ります。
「見ず知らずの大人が少しずつ出し合った」というように伝えます。
さらに「こうしても今も、いろいろな所でいろいろなお仕事をしています。仕事をするのは家族のためですね。けれど、ほんの少しは皆さんの教科書を買うためでもあるのですね」と語るとより自分自身のことだと感じられます。

語りのステップ ③ のポイント

いよいよ教科書を配る場面です。配り方はいくつかあります。最初の1冊だけ一人ひとり教師が手渡す方法。各列の先頭の子に人数分渡して後ろに回す方法。班の代表の子どもに人数分取りに来てもらう方法などです。教科書を配る場面でも学習規律を作ることができます。相手に渡すときは「どうぞ」、受け取ったら「ありがとう」と言うようにすると教室があたたかい雰囲気になります。また、席を立って移動するときは椅子をしまうようにさせるとよいです。

配り終えて時間が余ったら折り目を入れさせるとよいです。「アイロンかけします」と伝えて教科書の表紙、裏表紙を開けてグリグリ折り目を入れる。教科書の真ん中あたりを開けてグリグリ折り目を入れる。1冊教えたら残りは家でやりましょうと伝えます。

ゆっくりと語る時間がとれない学校も中にはあります。
翌日、時間をとってゆっくり語るとよいです。

教科書を配ったらやることがあります！

教科書を受け取ったらやることがあります。全員が受け取ったか確認することです。「国語の教科書を持ち上げて！」と伝えて教師がざっと見渡します。新しい教科書はくっつきやすいので2冊持って行ってしまう子もいるので、全て配付したら確認しましょう。

5 ダランとした姿勢を変える語り

⏱ 指導時間の目安 **5分**

―話の聞き方は耳と目と心を合わせて―

語りのステップ

① 「現状把握」：教師が子どもたちの話を聞く時の姿勢を描写する
② 「心に響く語り」：「聴く」の意味を語る
③ 「未来を選択させる」：話を聞く時は「聴く」を意識するように伝える

子どもの今の話の聞き方を描写する

子どもが話を聞く姿勢を実演します。子どもは「え！そんな姿勢だったの」と思います。話の聞き方を語ります。

「大事な話をします」

子どもたちは教師を見るが、思い思いの姿勢。

「みんなだったら大事な話をする時、友達にこんな聞き方（頬杖をつく）されて嬉しいかな？」

「嬉しくないです」

「聴く」の意味を語る

「話を聞く時は、２つの耳を使います。
さらに、目は先生に向けます。そして心を開いて、一言も聞き漏らさないように集中します。このように耳と目と心を足し合わせてできた漢字があります。分かる人いますか？」

「聴くです」

「正解です」

「聴く」を意識するように伝える

「これから先生がお話をしますと言ったら、サッと耳と目と心が、この漢字（聴）になるように姿勢をよくしましょう」

「はい」

頬杖をついて聞く姿を鏡のように教師が見せる

子どもは自分が話を聞く姿勢を意識していません。「こんな聞き方だよ」と教師が実演してみせることで子どもは客観的に自身を振り返ることができます。そこで「聴く」の語りをします。

「聞く」と「聴く」の違いを語るのも一つの方法です。

語りのステップ①のポイント

「お話をするので聞いてください」と伝えてから教室を見回します。

先生に目線を向ける子もいれば頬杖をつく子もいます。中には手いたずらをして視線が下を向いている子もいるでしょう。

それを見ておいてから、「今、何人かこんな姿勢だったよ」と教卓で実演します。「相手がこんな（頬杖をつく）姿勢であなたの話を聞いてたらどう思う？」と聞くことで自分の聞き方を振り返ります。

語りのステップ②のポイント

黒板に絵を描くときは「耳と」と言いながら耳の絵を描きます。

次に「目と」と言いながら目の絵を描きます。こうして一つずつ描くと子どもは集中します。絵を描き終えて、「実はこれは漢字なのですが、何て漢字かわかるかな？」と聞きます。

語りのステップ③のポイント

「聞く」と「聴く」の違いを伝えるのも一つの手です。

「聞く」は意識しなくても耳に入ってくる状態
「聴く」は意識を集中して自ら耳に入れる状態

のように伝えると、「聴く」の前向きさが子どもに伝わりやすくなります。もちろん語っただけで1年中子どもが「聴く」を意識するわけではありません。「目はこちらを向いているかな？」「耳が閉じちゃってる人いるよ」など、時々「聴く」を意識するように伝えるとよいです。

 さらに「聴く」を子どもが意識するために！

「おっ！○○さんは目と耳と心で先生の話を聞いてくれているね。話す私も嬉しくなります」のように子どもを褒めると周りの子もサッと意識します。

6 授業の開始にピタッと席に着く語り

⏱ 指導時間の目安 **数十秒**

―時間を守る大切さを伝える語り―

語りのステップ

① 「現状把握」：授業終わりのチャイムが鳴ったら途中でも授業を終える
② 「心に響く語り」：授業の終わりを守るのは教師。授業の始まりを守るのは子どもと明確にする
③ 「未来を選択させる」：次の授業の始まりを見ていることを予告する

チャイムで終わりにする

「チャイムが鳴ったので終わりにしますね」

「え!?」

「だって4月のはじめに約束したでしょ。チャイムが鳴ったら授業を終わりにするって」

「ありがとうございます！」

授業の始まりを守るのは誰かを明確にする

「ところで授業の終わりを守るのは先生の仕事。では、授業の始まりを守るのは誰の仕事だっけ？」

「自分達です」

「そうだよね。先生が授業の時間を大切にしているように、皆さんも休み時間を大切にしているからね。お互いに守りましょう」

「はい！」

次の授業の始まりを見ていることを予告する

「次の時間、皆さんがチャイムを守っているか見ていますよ。それでは日直さん」

「これで2時間目の授業を終わりにします。礼！」

「ありがとうございました！」

教師が終わりを守るから、子どもは始まりを守る

「チャイム着席って言ってるでしょう！」と、ついつい強い口調で指導してしまいます。高学年になると「先生はチャイムが鳴っても授業を続けているのになあ」と口に出さずとも心の中で思っているはずです。こちらが授業の終わりを守るからこそ、子どもが守らないときに「先生は、チャイムが鳴ったら終わりにしているのに」と説得力ある指導ができます。

語りのステップ ① のポイント

チャイムが鳴ったら終わりにすると言っても、どうしても続けざるを得ない場面もあります。例えば理科の実験、研究授業などです。区切りがよい所で終わりにした方がよい時もあります。その時は「ごめん！休み時間を伸ばすから、少し続けさせてね」と一言伝えるとよいです。そして実際に休み時間を延びた分だけ延ばしてあげるのです。「この先生は約束を守ってくれる」と信頼されます。

語りのステップ ② のポイント

４月の授業開きで最初に伝えておくとよいです。「先生はチャイムが鳴ったら授業を終わりにします。その代わり、皆さんは授業の始まりを守ってください。ただし、１年間でどうしても授業が延びてしまうことがあるかも知れません。その時は休み時間を延ばします。お互いに気持ちよく授業ができるようにしましょう」のように１年間の学習規律として宣言するとよいです。

語りのステップ ③ のポイント

それでも休み時間が終わって数名、遅れてくることもあります。急いで戻ってくるようなら、「授業の始まりを意識しているね。そこは嬉しいです。次は余裕をもって席につけるといいですね」と伝えると、子どもは守ろうと意識するようになります。守らない子どもが目に余る場合は、右図のように指導するとよいです。

 担任と専科は授業の状況が違います！

専科の先生の授業が延びる場合があります。「専科の先生はね、どうしてもその時間でここまで進めておきたいというのがあります。担任は、他の授業でカバーできます。専科の先生は、その時間だけが勝負なのです。だから、どうしても延びてしまうことがあるのは理解してね」と伝えるとよいです。

7 活動と活動の「つなぎ」の時間を 超高速にする語り

⏱ 指導時間の目安 **5分**

―「教科書しまいます！」「はい！」…つなぎ…「計算ドリルを出します！」「はい！」―

語りのステップ

① 「現状把握」：漢字ドリルをしまって教科書を準備する様子を見ておく
② 「心に響く語り」：活動と活動のつなぎの時間を○で視覚化する
③ 「未来を選択させる」：もう一度、同じ活動をして素早くなったことを褒める

漢字ドリル→教科書の準備の様子を見る

子どもの準備の時間を早くする方法。
それは時間を○で視覚化することです。

「漢字ドリルをしまいます。次は教科書です。サッと出しましょう」

子どもたちがゴソゴソと机の中から出し始めます。
この様子をよく見ておきます。

活動と活動の切れ間を○で視覚化する

「皆が漢字ドリルをしまってから教科書を出すまでの時間を○で表すとね…」

黒板に「漢ド○○…」とゆっくりと○を付け足します。

「これぐらいになります。
もっと、この準備の時間を早くしたいですね。だって、ドリルをしまって教科書を出す時間は賢くならないからね」

「賢くなるには、これくらいの時間でできるかな？」

先程より○を減らして板書します。

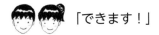 「できます！」

もう一度同じ活動をして早くなったことを褒める

「もう一度いきますよ。漢字ドリルをしまって！教科書を出します！」

指導のポイント

動きを早くする方法は、見えない時間を○で視覚化すること！

「早くしましょう」「遅いです」と教師が伝えても、子どもにはあまり通じないようです。そこで、目に見えない時間を○の数で視覚化します。教師が活動と活動のつなぎの時間を○の数で表すことで「早い」「遅い」を客観視することができます。

語りのステップ ① のポイント

子どもがドリルをしまってから教科書を出す様子をよく観察します。

思わず「遅いよ！もっと早く出して！」と言いたくなる場面ですが、ここはじっと子どもの様子を観察します。

語りのステップ ② のポイント

黒板に次の活動に移るのが遅いことを○で視覚化する場面です。

「漢ド」と書いてから、ゆっくりと○をつけ足していきます。10個ぐらい書くことで「遅い」様子を伝えることができます。

○を書いた後に、教師が子どもの教科書を出す様子をわざとスローモーションで演じると場が和みます。

そして「もう一度同じことをしてみよう！」と投げかけます。目標の時間を○3つぐらいにして「できるかな？」と投げかけます。

子どもは「できる！」と言うので「よし、やってみよう」と伝えます。

語りのステップ ③ のポイント

教科書を出すスピードが格段に上がります。

「さっきよりも早くなったね」と伝え、黒板に書いた○3つのうち2つを消して「目標よりもすごく早くなったので、○を2つ消します」と伝えると子どもは「やったー！」と喜びます。

それでも徐々に準備のスピードは落ちます。日頃、準備の早い子を褒めるとよいです。また、学期に一度この語りをすると効果的です。

 こんな場面でも応用可能！

体育の集合場面でも応用可能です。黒板がないので「ほら、教室で話したよね。ドリルをしまって教科書を出す時間を○で表したの。今の集合の仕方は○10個分ぐらいのスピードだったよ。もう一度やるから○3個分くらいのスピードで集合しよう」と伝えます。給食の準備や帰りの支度にも応用可能です。

8　ザワザワする教室移動は これでバッチリ！

⏱ 指導時間の目安 **5分**

―保健室、校庭や体育館への移動は「サイレント・コース」でゲーム感覚に―

語りのステップ

① 「現状把握」：移動教室の時に心配なことを聞く
② 「心に響く語り」：なぜおしゃべりが迷惑になるか考えてもらう
③ 「未来を選択させる」：教室から一歩出たらサイレントコースであることを伝える

移動教室の時に心配なことを聞く

移動教室は、指導しないとおしゃべりが多くなります。教室から一歩出たら、そこは「サイレントコース」です。

「発育測定で保健室に行きます。ただ、先生は一つ心配なことがあるのです。何だと思う？」

「おしゃべりをすることです」

「保健の先生に挨拶するのを忘れること！」

「なぜ、おしゃべりが迷惑なのか考える

「どれも正解です。中でもおしゃべりが心配です。なぜ、おしゃべりが心配かわかるかな？」

「うるさいと迷惑になる」

「正解。他の教室は授業中です。勉強のジャマになってしまいます。移動は音を立てないのです」

教室から一歩出たらサイレントコース！

「教室から一歩外に出たらそこはサイレント・コースです」

「サイレント・コース？」

「そうです。静かな道です。皆の力で音を消します。そして、皆の力で静けさを作ります。それでは廊下に並びます」

移動教室は「サイレント・コース」でゲーム化する

「静かに！」教室移動の途中でこのような指導は避けたいです。事前に「なぜ静かにするか」語り、さらに「教室から一歩出たらそこはサイレントコースですよ」とネーミングするだけで子どもはゲーム感覚になります。移動の途中、途中で振り返ります。きっと静かについてきているのでニッコリと頷くと子どもへのフィードバックになります。

語りのステップ ① のポイント

4月は行事でいろいろと教室を移動する場面が多いです。
最初の移動の前に指導しておくと年間を通して教室移動がスムーズにいきます。
「先生が心配なことが一つあるのだけれど」と言われれば子どもはたくさん考えてくれます。

語りのステップ ② のポイント

子どもの口から話してもらうのがポイントです。

語りのステップ ③ のポイント

「サイレントコース」とネーミングするだけで子どももゲーム感覚になります。「教室から一歩外に出た瞬間、サイレントコースになります。
このコースはついついおしゃべりしてしまいたくなるコースです。
皆で静けさを作って負けないようにしよう」と語ります。
学級の実態に応じて「保健室までサイレントに移動できたら50点。教室までサイレントに移動できたら50点。合わせて100点です」と点数化するのも方法です。
保健室に到着したら「静かに移動したので50点ゲットです」と伝えます。全員が教室に戻ったら「静かに戻ることができた人？50点です。先生がいなくても1人で静かに戻ることができたんだね」と誉めます。

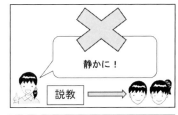

低学年なら
「忍者のように気づかれないように移動するよ」
と伝えるのも効果的です。

 移動の途中に評価を！

廊下から保健室まで移動距離が長い場合もあります。時々振り返って見ます。静かについてきているなら、ニッコリ頷きます。子どもは「次はいつ振り返るか」ちょっとした緊張感をもちます。それでも、おしゃべりする子がいたら「サイレントコースで負けちゃった人がいて残念！次は頑張ろう！」と簡単にコメントします。「先生はちゃんと見ているんだ」と子どもは思います。

9 給食の準備を高速にする語り

🕐 指導時間の目安 **5分**

―消防士のようなスピードで準備しよう！―

語りのステップ

① 「現状把握」：給食の時間は休み時間ではないことを伝える
② 「心に響く語り」：準備のスピードを消防士に例える語り
③ 「未来を選択させる」：「チャイムが鳴ったら消防士のイメージで準備しよう」と伝える

‖ 給食の時間≠休み時間　であることを伝える ‖

給食の時間になると子どもはホッとします。
そんな時は「消防士のスピードで！」です。

「まもなくチャイムが鳴ります。
給食の時間は休み時間ではありません。
手洗いと給食の準備をダッシュで行います」

‖ 「準備のスピードを消防士に例える語り ‖

「特に給食当番は消防士さんのスピードで準備します。消防士さんは火事の通報があってから、着替えて消防車に乗るまでにどれくらい時間がかかると思いますか？」

「3分くらいかな」

「数十秒です。もし準備が遅かったら火事が燃え広がってしまいますね。
もし給食当番が遅かったら困ることがあります。何だと思う？」

「いただきますが遅くなってしまいます」

「食事の時間が減ってしまいます。だから消防士のスピードで準備しましょう」

‖ チャイムが鳴ったら消防士になることを伝える ‖

「まもなくチャイムが鳴ります。消防士さんを意識して準備しよう」

指導のポイント

「給食の時間 ≠ 休み時間」「消防士のスピードで」の2点セットで！

給食の時間になると子どもはホッとします。行動もスローペースです。「ほら、給食当番は誰？急がないと！」と声を荒げてしまいます。そうなる前に「給食の時間は休み時間ではない」と「消防士のスピードで準備」の2点を指導すると声を荒げる必要がなくなります。

語りのステップ①のポイント

新しい学級ではじめての給食指導を想定しています。
4時間目の終わる5分ぐらい前に、この語りをします。
チャイムが鳴ったらすぐに準備に取り掛かるためです。
「給食の時間は休み時間ではありません！」とはっきり伝えます。
「皆で協力して配膳する大切な学習の時間です」と伝えてもよいでしょう。

語りのステップ②のポイント

「早く準備します」と伝えてもどれくらいの早さかイメージが湧きません。そこで「消防士のスピードで」と具体的なイメージをもたせます。
給食まで時間に余裕があるなら「チャイムが鳴ったとしてシュミレーションしてみようか！」と準備の練習をする方法もあります。
「上手だね。でもチャイムがなってからが本番だから、また準備を元に戻そうか。消防士も毎日のようにこうやってシュミレーションしているんだよ」と伝えることもできます。

日頃から準備の早い子を褒めると効果的です。
また、週の始めは4時間目を1分ほど早く終えて「今週の給食当番、役割分担は決まってるかな。確認しよう」と伝えるとスムーズにいきます。

語りのステップ③のポイント

あと数十秒で給食開始のチャイムが鳴る場面を作り出すと、教室に心地よい緊張感が生まれます。
チャイムが鳴ったら、「よし！給食当番頼んだよ！」と声を掛けると「任せてください！」と子どもも準備に燃えます。

 他にも準備を早くする工夫が！

ストップウォッチで準備の時間を測る方法もあります。タイマー時計を黒板にセットすると子どもも途中経過を見ることができます。
給食のチャイムが鳴ってから測る方法、盛り付けを開始してから測る方法など様々です。

10 代表委員や委員長などに 多くの子が立候補する語り

🕐 指導時間の目安 **10分**

―よし！やってみてもいいかな！―

語りのステップ

① 「現状把握」：必ず誰かがやらなければならないことを伝える
② 「心に響く語り」：勉強、スポーツができることと立候補は全く関係ないことを語る
③ 「未来を選択させる」：ほんのちょっとでもやってみてもいいと思う人？と聞く

必ず誰かがやらなければと伝える

代表委員など必ず選出しなければならない場面です。

「代表委員を決めます。男女1名ずつ決めることになっています。仕事内容は児童会に参加して決まったことを報告するのが主な仕事です。もし、立候補がいなければこの学級だけゼロになってしまうのです」

勉強やスポーツは立候補に全く関係ないことを語る

「条件があります。勉強が得意、スポーツ万能、ピアノが弾ける、こういったことは…全く関係ありません。ほんのちょっとでもやる気があるなら誰でもできます。

大丈夫です。先生がついています。100点の仕事ぶりなんて求めていません。今までやったことないものね。だから必ず成長します。歴史に名を残す人は100点よりも100％で挑戦を続けました」

ほんのちょっとでもやってみてもいい人？と聞く

「新しいクラス。きっと多くの人が今年こそ！という気持ちでここにいると思います。

無理だと思ったら、その瞬間から無理な方でしか考えられなくなるよ。

勇気は出るものではなく出すもの。

ほんのちょっとでも、やってみてもいいかなと思う人は恐る恐る手を挙げてみて！」

やってみてもいいかなって思った人は「恐る恐る」手を挙げて

クラスから代表者を選ぶ場面。どんなに語っても手を挙げる勇気は出ないものです。そこで「恐る恐る手を挙げてみて」と促します。このように聞かれると子どもは少し安心するようです。

語りのステップ ① のポイント

代表委員や委員会の委員長、クラブ長など必ず選出しなければならない場面があります。「できれば多くの人に立候補してもらいたい」と伝えます。

人数が多い場合の選出方法をあらかじめ伝えると立候補者が増えます。これまで立候補しない人の多数決による投票を見てきた子もいます。多数決は人気投票になる傾向があります。

「人数が多い場合は立候補者の意気込みとジャンケンで決めたい」と伝えるとよいです。

(1)立候補してくれてありがとう。5人もいます。
順番に立候補してみようと思った理由を発表してください。同様に(2)を行います。

語りのステップ ② のポイント

立候補してもいいかなと少しでも思ってもらうことが大切です。

新しい学年になって「今年こそは」と思う人も多くいます。誰でもやる気があればできることを語ります。

語りのステップ ③ のポイント

複数の子が立候補してくれた場合は次のようにすると、落選してしまった子も納得してくれます。

(1) なぜ立候補してくれたのか発表してもらう。

(2) 委員長になったらどんな委員会にしたいか発表してもらう。

(3) 「立候補しない人の挙手による多数決で決めるのでなく、ジャンケンで決める。ジャンケンは公平である」と促す。しかし、最終的に決め方は立候補者に話し合ってもらう。

(3)たくさん立候補してくれて嬉しいけど1人だけなのです。後は運を天に任せてジャンケンで決めた方がスッキリすると思うけどいいかな。立候補してくれた5人で決め方を相談してごらん。大切なのはあなたたちが納得した決め方で決めることだよ。

 一番は子どもが納得する決め方を！

学校、学年によって決め方が統一されている場合もあります。学年で「どうやって決めていますか？」と話題にするとよいです。周りの先生の決め方に合わせるのが大切です。そして一番よいのは子どもが納得する決め方です。「先生はこの方がいいと思うけど、立候補した人はどうやって決めたい？」と立候補者に話し合ってもらうのが一番です。

プラスα 一人のよい行動を学級全体に広げよう！

⏱ 指導時間の目安 **5分**

—効果的面！波紋の語りで全員をヒーローに！—

語りのステップ

① 「現状把握」：教師が指導した後、実際に行動している子どもを探す
② 「心に響く語り」：クラス全体で、よい行動をした子を取り上げて労う
③ 「未来を選択させる」：波紋の語りで「自分もやってみよう」という気持ちにさせる

よい行動をしている子を探す

「教室に落ちているゴミがあったら拾ってくれると嬉しいな」と子どもに声をかけることがあります。声をかけたら実際に行動している子を探します。

「休み時間に素敵な行動をしている人を見つけました。なんと教室に落ちているゴミをさりげなく拾ってゴミ箱に捨ててくれたのです。しかも自分が落としたゴミではないのです。その人の名は…」

教室にちょっとした緊張感が走ります。

「うさおくんです！」「おお！」（拍手）

クラス全体で取り上げて褒める

「この黒板が池だとします。
小石を投げると、波紋が広がります。
教室も同じです。誰かがよい行動をすると、必ず他の誰かが見て真似をしてくれます。
一人また一人とよい行動は波紋のように広がっていくのです」

波紋の語りで「自分も！」という気持ちにさせる

「今、うさおくんがゴミを拾う素敵な行動をしてくれました。うさおくんの行動が中心となって波紋のように広がるはずです。
2番目は誰か次の休み時間に見ています」

一人のよい行動を見逃さずに教室に広げる

教師が「○○しようね」と伝えると必ず行動する子が登場します。しかし何も労わなければ、その素敵な行動も終息してしまいます。そうさせないために波紋の語りをします。一人、また一人と素敵な行動をする子を増やしていくのです。

語りのステップ ① のポイント

何か子どもに素敵な行動をするように伝えたら、必ず実行する子がいるので見逃さないように探しておきます。
見つけたら「ありがとう。先生の話を行動で示してくれたね。本当に嬉しいよ」と心から労います。
クラスに紹介をする場面では「その名は…うさおくんでした」で終わらせないようにします。教師が気づかない所で同じような行動をしていた子がいるかもしれません。
「他にもうさおくんと同じ行動をした人いますか？先生が気づかなかっただけかもしれないので」と付け加えます。

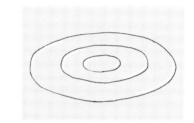

語りのステップ ② のポイント

黒板を池に見立てて語る場面です。
真ん中によい行動をした子の名前を書きます。
そこから波紋のようにチョークで輪をつけ足していきます。
波紋上に顔をいくつか加えると、よりイメージがしやすくなります。

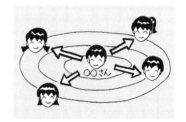

語りのステップ ③ のポイント

「2番目は誰か、次の休み時間に見ています」と語ったら必ずそのようにします。そして「ありがとう！さっきの波紋の話を覚えて行動してくれたんだね。感謝します」と労います。
休み時間の度に、よい行動を探すのは難しいです。
そこで帰りの会などの時間に「今日、○○を一回でもしてくれた人？」と聞きます。
手を挙げた子に向かって「ありがとう！たくさんの波紋が広がって教室がよい雰囲気になりました」と伝えます。

> 高学年は皆の前で誉められるのに抵抗を感じる子もいます。「こんなことをしてくれた人がいました。嬉しかったです」と全体に紹介し、個別に「さっきはありがとう」と労うこともできます。

 こんな取り上げ方も！

日記の宿題で「今日○○した人がいたら、その人が行動してくれた様子を書いてきてね」と出すこともできます。翌日の朝の会などで「昨日、波紋のように広げてくれた人を紹介します」と取り上げて朝からよい気分で学級をスタートさせることもできます。

第2章

初任者は知らない！
ベテランがやっている
良い学級にするための小さなルール

11　プリントを渡すときは「どうぞ」「ありがとう」リレーで

🕐 指導時間の目安 **5分**

―プリントと同時に素敵な言葉も渡そう！―

語りのステップ

① 「現状把握」：プリントを配付する時の様子を観察する
② 「心に響く語り」：「どうぞ」「ありがとう」リレーの語り
③ 「未来を選択させる」：次から「どうぞ」「ありがとう」で渡そうと伝える

プリントを渡す時の様子を観察する

プリントを後ろの席の人に渡すとき、「どうぞ」「ありがとう」リレーであたたかい雰囲気になります。

「プリントを配ります。自分の分を取ったら後ろに回します」

「どうぞ」「ありがとう」リレーの語り

「皆の配る様子を見ていたら、前を向いたままプリントを後ろに回す人が多かったです。これだと後ろの人は気づかないし、顔に当たったら大変。どうやって配るといいかな？」

「後ろを向いて配る」

「どうぞって声をかける」

「とてもいいね。安全だし、気持ちがこもるね。それでは早速、その方法でやってみよう。もう一枚プリントを配ります」

「どうぞ」

「ありがとう」

次からは「どうぞ」「ありがとう」で渡すことを伝える

「見ているこちらも気持ちよくなりました。次からはプリントと一緒に『どうぞ』『ありがとう』の言葉も渡しましょう。名づけてどうぞ・ありがとうリレーです」

プリントと一緒に「どうぞ」「ありがとう」の言葉も渡しましょう

プリントを後ろに回すときに何も指導しないとどうなるでしょうか。前を向いたままヒョイと後ろに渡そうとします。「早く取ってよ！」「え？ちゃんと渡してよ」とトラブルになります。

４月のはじめにプリントの渡し方の指導をするとよいです。「プリントと一緒に言葉も渡そうね」と伝えると効果的です。

語りのステップ ① のポイント

まずは何も語らずプリントを後ろに回すように伝えます。
プリントを回す様子をよく観察しておきます。
「こんな渡し方をしていたよ」と、よくない例として紹介するためです。

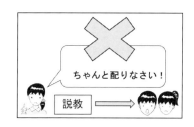

語りのステップ ② のポイント

教師がよくない渡し方を実演します。
「こんな渡し方があったけどプリントの角が目に入ることがあります。
実はもっと素敵な渡し方があるのだけど、どんな渡し方かな？」と投げかけます。
子どもはいろいろなアイデアを出してくれます。
「では、その方法で２枚目を回していこう」と配ります。

語りのステップ ③ のポイント

褒める場面です。
「皆の配る様子を見ていたら、こちらまで気持ちよくなりました。
プリントを配るだけなのに１回目と２回目では皆さんも気分が違うはずです」と語ります。
「これからはプリントと一緒に『どうぞ』『ありがとう』の言葉も渡そう。どうぞ・ありがとうリレーです」と名づけます。

教師も率先して「どうぞ」と伝えましょう！

定着を図るため、教師も率先して行うようにします。列の先頭に渡すときに「はい、お願いします」「どうぞ・ありがとうリレーお願いします」などと伝えるとよいです。「どうぞ」のひと言が「ありがとう」を引きつけます。他にも給食のお代わりの場面で盛りつける時に「どうぞ」と伝えることもできます。「お代わりを盛りつけてもらったら、ありがとうございますと言った人がいて嬉しくなりました」と伝えることもできます。

12　筆記用具を忘れても
笑顔で貸し、教師も子どももハッピーに

⏱ 指導時間の目安　**10分**

—忘れた時の伝え方と借りた後の伝え方の指導が大切です—

語りのステップ

① 「現状把握」：忘れた時、子どもがどのように報告に来るか見ておく
② 「心に響く語り」：忘れた時の報告の仕方を全体に語る
③ 「未来を選択させる」：返す時の伝え方を語る

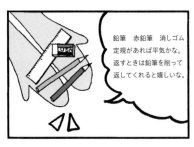

忘れた時の報告の仕方を見ておく

「忘れた時」と「借りた後」の行動を語ります。

「先生、筆箱忘れちゃいました」

「忘れるのは仕方ありません。鉛筆と赤鉛筆、消しゴム、それから定規があれば大丈夫かな」

「ありがとうございます」

忘れた時の報告の仕方を全体に語る

「忘れ物は仕方ないです。
忘れたのはマイナスだけど、先生への報告の仕方によってはマイナスをプラスに変えることができます。どんな報告かな？」

「ごめんなさいって言う」

「連絡帳に忘れた物を書く」

「忘れた時は、○○を忘れました。ごめんなさいって言えるといいですね。さらに、今後どうするか伝えるとよいです。宿題を忘れたなら休み時間にやります、このように伝えるとよいです」

返す時の伝え方を語る

「返す時も大切です。ありがとうございましたと言うのは当然で、鉛筆なら削って返します。さらに両手で返すととても丁寧な感じがしていいよ」

「忘れた時」「返す時」どのように伝えると相手が気分よくなるか伝える

忘れ物をした時こそ教育のチャンスです。「忘れた時」「返す時」どのようにするか指導すると、1年間教師も子どももよい気分になります。

語りのステップ ① のポイント

4月、忘れ物をした子に貸してあげます。
次の授業で全体に「忘れた時」どうするか語ります。
個別に指導するより全体で「忘れた時」どうするか伝えておくとスムーズに行きます。

語りのステップ ② のポイント

「今まで忘れた時、どのように先生に報告してたの？」
と聞く方法もあります。よい報告の仕方なら「今年もその報告でいこう」と伝えます。もしくは、
「忘れたことを先生に報告するとき、とてもよい報告の仕方があります。忘れたことはマイナスだけど、報告の仕方によってはプラスに変える報告の仕方です」
と投げかけることもできます。
「忘れた時」の基本は「○○を忘れました。ごめんなさい」と「今日は○○します」の2点セットで報告するように語ります。

語りのステップ ③ のポイント

「返す時」の伝え方も同様にします。
「今まではどうしてた？」
「返す時に相手が喜ぶ伝え方があるけど、どう伝えればいいかな」と投げかけることもできます。
基本は「ありがとうございました」のお礼です。
さらに鉛筆を借りた場合は削って返すように伝えます。
「両手で返すといいね。丁寧な感じがするから」と語ります。

 さらに大切なこと！

忘れ物を報告にくる時間も大切です。授業中ではなく休み時間に報告に来るように伝えます。また、「先生が校長先生に『書類忘れました』だけで終わらせたら変でしょう。代わりにどうするか伝えますよね。それと同じです」とダメ教師を演じるのも効果的です。

13 席を立って移動する時は 椅子を入れる語りを!

指導時間の目安 **5分**

―椅子が出しっぱなしだと人が通りにくい―

語りのステップ

① 「現状把握」: 席を立って移動するときの椅子を見ておく
② 「心に響く語り」: なぜ椅子を入れるのか語る
③ 「未来を選択させる」: 教室だけでなく特別教室でもできるように伝える

席を立って移動するときの椅子を見ておく

席を立って移動する時、椅子を引いたままにする場面を見かけます。その時の語りです。

「この問題ができたらノートを持って来ます」

移動する時の椅子を見ておきます。ひと段落した所で…

なぜ椅子を入れるのか語る

「席を立って移動する時は椅子を入れます。教室にたくさん人がいます。友だちのジャマになって通りにくくなります。
椅子を入れると通りやすくなります。
教室もスッキリします」

「それでは次、この問題ができたらノートを見せに来ます」

ひと段落したら、椅子を入れて移動できたことを褒めます。

特別教室でもできるように語る

「教室だけでなく、音楽室、図工室、図書室も同じです。
席を立って移動する時は椅子を入れましょう。
狭い空間が広々とします。
相手を思いやるとはこのような行動をいうのですね」

椅子を入れると人が通りやすくなり思いやりにつながる

席を立って移動する時は椅子を入れるように伝えます。引いたままだと相手が通りにくいだけでなく、引っかかったり、椅子の下にある物に気づきにくかったりします。また椅子を入れることで人が通りやすくなり思いやり行動になります。落ち着いた環境づくりのためにも椅子を入れる指導をするとよいです。

語りのステップ ① のポイント

席を立って移動する場面を作り、よく観察しておきます。

語りのステップ ② のポイント

椅子をしまう語りをします。

時間があれば「椅子を引いたままだとよくないことが起きやすくなります。どんなことだと思う？」と聞きます。

子どもに考えてもらうのです。「逆に椅子を入れて移動するとどんなよいことがあると思う」と対比させて聞くと効果的です。

実際に子どもたちに椅子が出ている状態と、入れてある状態で歩く体験をしてもらうと椅子を入れる大切さがより実感できます。

朝、黒板に数字を書いておき「何の数字でしょう？」と聞きます。

「帰りの会後に椅子が入れてあった数です。このクラスは35人ですから35を目指そう！」とゲーム化できます。

語りのステップ ③ のポイント

椅子を入れる場面は教室だけではありません。特別教室も同じであることを語ります。そして、図書室などに移動する前に聞きます。

「図書室の椅子は最後どうするの？」

子どもは「きちんと入れます」と答えます。

実際にできるか様子を見て褒めてあげます。

こんな場面でも応用可能です！

給食のお代わりの場面で椅子を入れないで食缶に来た時、「椅子を入れてきます」とやり直してもらうことができます。体育着に着替えた後、洋服がグチャグチャに机に置かれていないか、下駄箱の靴がはみ出していないかなど「後始末」の指導にも応用可能です。「物が雑に置いてあると、なくなりやすくなります。友達と一緒に探すとなると友達の時間を奪うことにもなりますね」と語ることができます。

14　手は美しく挙げましょう

⏱ 指導時間の目安　**5分**

―「それは腕を曲げると言います」の語り―

語りのステップ

① 「現状把握」：子どもが挙手する場面を作る
② 「心に響く語り」：「腕を曲げる」「手を挙げる」の語りをする
③ 「未来を選択させる」：もう一度挙手する場面を作る

子どもが挙手する場面を作る

「この問題発表してくれる人？」

子どもの挙手する様子を見ておきます。

「腕を曲げる」「手を挙げる」の語りをする

「手を挙げる様子を見ていました。
これは腕を曲げると言います（教師が実演）。
手を挙げるときは、このように天井に突き刺さるようにピンと腕を伸ばします（教師が実演）。
練習します。はい、手を挙げて！」

「はい（手を挙げる）」

「そのまま周りを見てごらん」

「うわあ！」

「自信がみなぎっているように見えますね。
何より目立ちます。
手を挙げるだけでも立派です。
どうせならピンと天井に突き刺さるように挙げましょう」

もう一度挙手する場面を作る

「それではさっきの問題に戻ります。
この問題発表してくれる人？」

「はい！」

挙手は「美しく」を基本に指導する

「天井に手が突き刺さるように挙げます」とても有効な語りです。とはいえ、手の挙げ方は子どもの自信の表れでもあります。自信がない子は恐る恐る手を挙げます。あまり手の挙げ方だけに意識を向けないことも大切です。基本は「美しく挙げます」と伝え、「天井に突き刺さるように」「はい！と返事してから手を挙げる」など少しずつ手の挙げ方の語りを入れていくとよいです。

語りのステップ ① のポイント

手を挙げる様子を見ておきます。「間違えたらどうしよう」と思いながら挙げている子もいるので、「手を挙げるだけでもすごいことです。勇気要るよね」と子どもを労います。

語りのステップ ② のポイント

「美しく」挙げる語りをします。
「手は美しく挙げます。美しくとは天井に突き刺さるように挙げることです」
慣れてきたら「手は美しく挙げます。美しくとは、はい！と一度言って挙げることです」
と、「はい！と返事する」＋「天井に突き刺さるように」とルールを一つ増やしていきます。

語りのステップ ③ のポイント

指名する時に
「手の挙げ方が美しい◯◯さん！」
と時々伝えると、周りの子も意識します。

 こんな手の挙げさせ方も！

「自信ある人は天井に突き刺さるようにピンと挙げます。ちょっと自信がない人は腕を曲げます」という挙手もあります。
「自信ある人はピースで。自信がない人はグーで」とハンドサインで挙手する方法があります。
学年や学級の実態に応じて工夫するのが一番です。

挙手以外の発表もあります！

発表への抵抗感を無くすことも大切です。
「間違えたらどうしよう」
「笑われないかな」
高学年はこうした不安を持ちやすいです。
全体に発表する場面以外に隣同士の対話、グループでの対話を多く取り入れることで発表への抵抗感を取り除くとよいです。

1 隣同士で発表する
「隣同士で自分の考えを発表します」

2 班で発表する
「班で向き合って一人ずつ自分の考えを伝えます。1周したら座ります。それでは全員立ちます」

3 列指名する
「この列、立ちます。
前から順に意見を言ったら座ります」

15　音読の姿を美しくする語り

🕐 指導時間の目安 **10**分

―教科書は両手で持って立てて読みます！―

語りのステップ

① 「現状把握」：音読する姿を見ておく
② 「心に響く語り」：教科書は両手で持って読むことを語る
③ 「未来を選択させる」：どの教科も音読の時はサッと教科書を持つように語る

音読する姿を見ておく

教科書を置いたままの音読だと、手いたずら、落書きをしやすくなります。

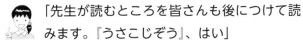「先生が読むところを皆さんも後につけて読みます。『うさこじぞう』、はい」

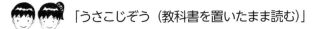「うさこじぞう（教科書を置いたまま読む）」

「『むかし　むかし　あるところに』はい」

「むかし　むかし　あるところに」

教科書は両手で持って読むことを語る

「多くの人が教科書を置いたまま音読しました。これだと背中が曲がり、声が下にいきます。教科書は両手で持って、腰骨をピンと立てて、胸を張って読むと声が前に飛びますね」
「両手で持って！（教室を見回します）」
「腰骨をピンと伸ばして！（教室を見回します）」
「胸を張って！（教室を見回します）」
「『むかし　むかし　あるところに』」

「むかし　むかし　あるところに！」

「さっきより凛々しく見えるよ」

音読の時はサッと両手で持つことを語る

「教科書を持つときは、言われなくてもサッと両手で持ちましょう」

指導のポイント

両手で持つと姿勢がよくなり、手いたずらも無くなり一石二鳥

音読の姿勢は大切です。指導しなければ、教科書を机に置いて音読します。肘をついたり、背中が曲がったり、そのまま放っておくと落書きを始めてしまうことにつながります。「両手で持って読む」と手いたずらを防ぐことができます。

語りのステップ ① のポイント

指導する前の音読の場面をよく見ておきます。

語りのステップ ② のポイント

「多くの人が教科書を置いて音読しました。
今、体で使ったのは教科書を見る目、音読する時の口の2か所です。
これからは、目と口だけでなく、両手で教科書を持って、腰骨をピンと立てて、胸を張ります。足は床にピタ。さらに自分の声を耳で聞くのです。
いくつの体の部分を使いましたか。体の部分をたくさん使えば使うほど脳が働き賢くなりますね」
体の部分の数を右のように板書すると、より説得力が増します。
また、実際に教師が良い例と悪い例を実演するとよいです。

語りのステップ ③ のポイント

学習規律が浸透するまで、教科書を音読する時に「両手で持って」とひとこと入れるだけでサッと持ちます。根気よく「両手で持って」とひとこと入れると「両手で持つ」ことが習慣になります。

板書

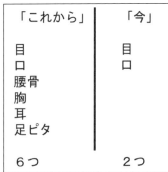

「これから」	「今」
目	目
口	口
腰骨	
胸	
耳	
足ピタ	
6つ	2つ

上のように
「今」「これから」と板書することで視覚化されます。
「2つより体の部分を6つ使った方がいいよね」
と説得力を持たせられます。

褒めることで音読の姿勢を強化！

一度伝えただけで全員が両手で持つようにはなかなかなりません。音読する前に「両手で持って」と短く伝えることが大切です。また、「○○くんは腰骨がピンとしている」と短く褒めます。すると周りの子も真似してピンとします。「今、腰骨をピンとした人も素直です」と短く褒めます。導入時は「音読」→「短く褒める」をワンセットで行うと音読の姿勢が少しずつ強化されます。

16　事故防止のアイデア

⏱ 指導時間の目安 **10**分

—机の横の荷物が多いと友達のケガにつながる—

語りのステップ

① 「現状把握」：机の横にある荷物の数を確認する
② 「心に響く語り」：荷物の数に決まりがある理由を語る
③ 「未来を選択させる」：友達の安全を守るためにルールを守ろうと語る

机の横にある荷物の数を確認する

習字道具や絵の具などかかっている場面を見かけます。

 「机の横にかけてもよい荷物は何でしたっけ？」

 「帽子と小袋の２つです」

 「そうです。周りを見てごらん」

荷物の数に決まりがある理由を語る

 「なぜ、この２つだけなのですか？」

 「たくさんあると危ないです」

 「教室掃除で机を運ぶ人が大変です」

 「そうです。昔、机に手提げ袋を下げている人がいました。手提げ袋の持つところが片方だけブランと出ていたのです。
そこに足を入れてしまって転び、顔に大けがしてしまった人がいました。
安全に生活するために荷物のルールがあるのです。荷物に気を配る人が友達も大切にできる人です」

友達の安全を守るためにルールを守ることを語る

 「30秒時間を取ります。
机の横がルール通りではない人は今すぐ片付けましょう」

指導のポイント

ルールを守るのが友達を思いやる行動です

教室という狭い空間に大勢の子どもが生活します。事故防止のために様々な工夫があります。

語りのステップ ① のポイント

机の横にある荷物の数を確認します。
自分がいくつ荷物をかけているかはっきりします。
中には「あっ！こんなにかけていた」と振り返ることもできます。

語りのステップ ② のポイント

荷物をかける数にルールがあるならそれを伝えます。
もし、ルールがない場合は大怪我につながる語りをします。
その上で「この教室のルールを決めよう」と子どもに投げかけます。
「友達の安全を守るため、皆が教室で転ぶのを防ぐために机の横にかけてよいのは、帽子と小袋だけにしたい。いいかな」と聞きます。
友達の安全を守るためなので納得するはずです。

語りのステップ ③ のポイント

図工や書写の後は、机の横の荷物を確認します。
絵の具や習字道具をかけている場合があるからです。
時々「机の横は小袋と帽子だけですか？」と確認するのも大切です。

こんな場所もチェック

1 棚の上に水筒をおく場合

水筒カバーの紐が棚から垂れ下がっていないか。紐に手を引っ掛けて水筒を落としてしまうこともあります。足に落ちて足の指を骨折してしまった事例もあります。100均で班ごとに水筒を入れるカゴを購入するのも手です。

2 「置き勉」の教科書

教科書を教室に置いてもよい学校もあります。棚の上に置く場合、床に落ちないような置き方になっているか確認です。これも班ごとに教科書を入れるカゴを用意すると便利です。

3 ロッカーのランドセル

ランドセル横の防犯ホイッスルの紐がロッカーからはみ出ていないか確認します。また、冬は上着をランドセルの中に入れてロッカーにしまうのもアイデアです。

ロッカーのランドセルは「紐が出てないかチェックしてね。友達思いの行動だよ！」と伝えて多くの目で安全確認するとよいです。

 こんな体験をしてみるのも！

実際に机の横に習字道具や絵の具、給食袋や体育着などかけてもらいます。
子どもたちに教室を見渡してもらいます。「わあ！狭い！」などの感想が出るでしょう。
さらに教師が歩いてみます。その様子に子どもは「うわあ、歩きにくそう！」「危ないね」などの感想が出ます。ルールのありがたみがわかる瞬間です。
くれぐれも子どもに歩かせるようなことはさせない方が安全です。

17 みんなが納得するお代わりの語り

―皆が納得するお代わりを教師が演出する―

語りのステップ

① 「現状把握」：どれくらい残り物があるか伝える
② 「心に響く語り」：個数ものはジャンケンする。負けてもお代わりしたことにする
③ 「未来を選択させる」：それでも残り物が出たら2回目を行う

どれくらい残り物があるか伝える

お代わりは何がどれくらい残っているか伝えるところからスタートします。

「お代わりをします。スープが10人分くらい。牛乳が2つ。ご飯は少し。デザートが1つです。一人一回お代わりできます」

個数ものはジャンケンする。負けてもお代わりしたことにする

「全部食べ終わっていなくてもお代わりできます。

牛乳、パン、デザートの様に数えられるものは人数が多い時ジャンケンとなります。

ジャンケンで負けてもお代わり1回分です。ここまでで質問ありますか？」

「牛乳が苦手で減らしたのですがお代わりできますか？」

「大丈夫です。それではスープが欲しい人？椅子を入れて並びます」

「デザートがいい人？たくさんいますね。ジャンケンで負けてもお代わり一回分ですがいいですね。それでは立ちます。

先生とジャンケンです。最初はグー…」

それでも残り物が出たら2回目を行う

「まだスープとご飯が少し残っています。2回目のお代わりです。スープがいい人？」

教師が平等に仕切るから子どもは安心

お代わりのルールがないと大変なことになります。ルールがないと力の強い子が好きなだけ盛りつけることにもなりかねません。教師が仕切ることで平等になり、子どもは安心して給食の時間を過ごすことができます。

語りのステップ ① のポイント

何がどれくらい残っているのか伝えます。予備調査でお代わりしたい物に手を挙げてもらいます。こうすることで人数の把握ができます。子どもの中には「デザートのお代わりがこんなにいるんだ。違うのに変えよう」と思う子もいます。

語りのステップ ② のポイント

教師が盛りつけます。子どもだと分量が難しく、列の最後の子までになくなってしまうこともあります。
また、ジャンケンする時は、静かにその場に立ってもらいます。
座ったままのジャンケンだとズルする子が出る可能性があります。「先生、○○さん負けたのに、またジャンケンしてる！」
「ええ！私勝ったよ！」と言い合いになることもあります。
立つことで周りの注目が集まります。
さらに「負けた人は座ります」と伝えることで人数の把握ができます。

語りのステップ ③ のポイント

1回目が終わってまだ残っている場合は、もう一巡します。

お代わりと罰はセットにしない！

「宿題を忘れた人はお代わりなしです」「喧嘩した人はお代わりできません」
のように罰とお代わりをセットにしない方がよいです。食と関係ないからです。
さらに、こうした行動を子どもが真似する可能性もあります。
「昼休み、ドッジボールをします！宿題を忘れた人は参加できません！」
と子どもが言い出すようになってしまうかもしれません。

教師の仕切りで
子どもも安心！

お代わりの流れ

何時にお代わりを始めるか決めておく

1 残り物を伝える
「スープが10人分、サラダが5人分、パンが2個、牛乳が1個あります。
ご飯はありません」

2 予備調査
「何が欲しいか手を挙げてね。後で変わってもいいからね。
スープがいい人？
サラダがいい人？…」

3 お代わり開始
「それでは本番。スープがいい人？椅子を入れて来ます」（以下同様に）
「デザートがいい人？立ちます。先生とジャンケンです。最初はグー…勝った人だけ立ちます」（以下同様に）

4 2回目のお代わり
「2回目。スープが3人分残っています。欲しい人？」（1回目と同様に）

18 思わず「おはようございます！」と返したくなる教室の入り方

⏱ 指導時間の目安 **5分**

—「おはようございます」の前に「皆さん」とつけましょう—

語りのステップ

① 「現状把握」：「おはようございます」だけでは反応がイマイチ
② 「挨拶が返るワザ」：「皆さん！」とつけ加える
③ 「未来を選択させる」：先に挨拶するように伝える

‖「おはようございます」だけでは反応がイマイチ‖

「おはようございます！」

「でさあ、昨日のYouTubeでね…」

‖「皆さん！」とつけ加える‖

「皆さん…（子ども：あっ先生だ）
おはようございます！」

「おはようございます！」

‖ 先に挨拶するように伝える ‖

「先生が教室に入るとき、皆さんが元気に挨拶を返してくれたので、とても嬉しかったです。ところで、『おはようございます』と先にするのを挨拶と言います。
じゃあ『おはようございます』と後に返すのは？」

「ええ、何だろう？」

「返事と言います。先に挨拶するのは、あなたのこと気づいているよというメッセージでもあるのです。それに対して挨拶を返すのは返事と言います。ですから、先生に限らず友だちにも気づいたらどんどん挨拶しましょう」

「皆さん」とつけるだけで挨拶が増える

「おはようございます」と教室に入っても反応が薄いと「あれ、誰もいないのかな？お はようございます！」とついつい2回言ってしまう場面もあります。子どもは話に夢中 になって気づかない場合もあります。そこで「皆さん！」と注目するようにしてから挨 拶をすると多くの挨拶が返ってきます。

語りのステップ ① のポイント

教室に入ると同時に挨拶をすると反応が薄くなります。「皆 さん！」と一呼吸おいてから「おはようございます！」と 挨拶します。

語りのステップ ② のポイント

朝の会で次のように語ります。
「先にするのを挨拶といいます。それでは『おはようござ います』と返すのは何でしょうか」
と聞きます。少し間をおいて語ります。
「返事と言います。先に挨拶するのは、私はあなたのこと に気づいていますよ！というメッセージです。
だから、挨拶されてからおはようございますと返すのは返 事になります。先に挨拶、後は返事と覚えておきましょう」

語りのステップ ③ のポイント

挨拶をゲーム化することもできます。「明日から挨拶競争 だよ。
どちらが先に挨拶するか先生と勝負です」。翌朝、教室で 子どもを待ち構えます。語りを覚えている子は我先にと 「おはようございます！やった！勝った！」などと言いま す。
朝の教室が楽しくなります。本来、挨拶は競争ではありま せん。
1年間続けるのではなく、挨拶の習慣がつくまでの数日の イベントのような形で行います。

楽しく活動すると、 先に挨拶、後は返事が 子どもの心に残ります。

挨拶を楽しく！

「先に挨拶　後は返事」を語った 後に
「それでは先に挨拶できるか練習しま しょう」と言って教師が廊下に出る

1　ドアを開けて挨拶
子どもの方が先に挨拶する
「素晴らしい！確かに先に挨拶だね」

2　ドアを開ける前に挨拶
「おはようございます！」と言って から、ガラガラとドアを開ける。
「先生！ズルい！」の声
「ごめん、ごめん」と言ってもう 一度廊下に出る

3　教室の後ろのドアから挨拶
「先生！ズルい」の声
「ごめん、ごめん、でも挨拶返し てくれたね。先生とっても嬉し かったよ」と語る

　教師が率先して挨拶！

教室移動の時、先頭を教師が歩きます。その時に、掃除をしてくださっている主事さんに、「お はようございます」や「ありがとうございます」と挨拶をすることができます。それだけでも、 子どもたちは、つられて挨拶します。また、教室に来た先生にも、教師がまず挨拶をします。 それが癖になり、教師よりも早く行う人が出てきたら、褒めて「負けちゃったなあ」と言うよ うにコミュニケーションを取ることもできます。

19　役割の曖昧な仕事は「マナー」の語りで

⏱ 指導時間の目安 **10分**

―ルールではなくマナーにして教師の負担を少なく―

語りのステップ

① 「現状把握」：役割分担が曖昧な仕事は誰がするのか質問を受ける
② 「心に響く語り」：「ルールではなくマナーで」の語りをする
③ 「未来を選択させる」：曖昧な仕事はマナーで行こうと伝える

役割分担が曖昧な仕事は誰がするのか質問を受ける

 「先生、体育館に連れて行くのはどちらの当番ですか？」

 「決めていなかったね。どうしようか」

 「並ばせ当番じゃないですか！」

 「体育だから体育当番でしょ！」

「ルールではなくマナーで」の語りをする

 「体育館に連れて行く当番を決めていませんでした。
　ルールがない状態です。先生が○○当番の仕事にします！とルールにするのは簡単です。ルールは多ければ多いほど困ってしまいます。なぜだと思う？」

 「全部覚えるのが大変」

 「やるのを忘れてしまう」

 「そうです。じゃあどうするか。
　気がついた人がサッとする、2つの当番で一緒に行うなど声を掛け合ってカバーできるといいクラスになります。」

曖昧な仕事はマナーで行こうと伝える

 「体育館までマナーで移動できるかな？」

ルールは少ないほどいい

誰の役割か曖昧な仕事があります。誰がするかルールを決めれば仕事が明確になります。ただ、その都度ルールを決めていくと多くなり教師も子どもも覚えられなくなります。「気がついた人が声を掛けてくれると嬉しいな」と伝えると、やってくれたら思いっきり褒めることができます。「皆が気持ちよく生活するために皆がほんの少しの時間を削って行動できるといいね。気持ちよく生活するためのマナーだね」と語ります。

語りのステップ ① のポイント

「誰がやるの？」「俺じゃないよ！」「○○当番でしょ！」「え！違うよ」といったやりとりが時々起きます。まずは「どうしたの？」と聞いたり、「決めてなかったね」と受けてあげます。

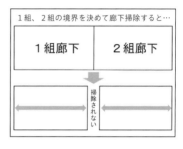

1組、2組の境界を決めて廊下掃除すると…

1組廊下	2組廊下

	掃除されない	

語りのステップ ② のポイント

全体の場で語ります。

「誰がやるかハッキリとは決めてなかったね。こういう時は、気がついた人が声を掛けてくれると嬉しいな。皆がクラスのためにちょっとの時間を削って行動する。足りないところをカバーする。

そうすると皆が気持ちよく学校生活できます。これをマナーと言います。ルールにないときはマナーでいくといいよ」

また、当番や担当が決まっていない場合、「なら、どうする？」と子どもに投げかけるのも大切です。すると、「A案」「B案」「C案」のようにたくさんの考えが出ます。「ならそれを行動に移そう！」と指導することもできます。

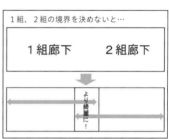

1組、2組の境界を決めないと…

1組廊下	2組廊下

	より綺麗に！	

語りのステップ ③ のポイント

「ルールにない時はマナーで！」と伝えたら、マナーで行動した人を探します。

帰りの会で「今日、マナー行動できた人？」と聞いて、報告してもらい拍手で労うことができます。

「気がつくって素敵です。思いやりって口で言うのは簡単だけど○○さんのように行動で示してくれて感謝だね」と伝えると喜びます。

廊下掃除の境界を決めることで逆に掃除されにくくなってしまうね。
お互いのクラスが少し広く掃除をすることでより綺麗になる、これもマナーだね。

 こんな語りも！

右図のように廊下掃除を例として語ることもできます。「1組はここまで、2組はここまでと境界を決めると境界の所の掃除があまりされなくなる。けれど、ここまでと決めないことでお互いのクラスが隣の廊下を掃除して逆に境界のところが綺麗になる」と伝えると効果的です。

第 **3** 章

授業がスムーズに進む！
学習規律を高める編

20 「質問は最後に聞きます」の語り

⏱ 指導時間の目安 **10**分

―質問は最後まで聞いてから―

語りのステップ

① 「現状把握」：話の最後に質問を聞くと伝える
② 「心に響く語り」：途中に質問されるとどこまで話したか忘れてしまう語りをする
③ 「未来を選択させる」：話の最後に質問を聞く

ある日の授業中

明日の持ち物です。絵の具を使います。そして…

先生、質問です！クレヨンでもいいですか？

クレヨンでもいいです。雑巾も使うので忘れずに持って来ましょう。

先生、ぞうきんを忘れたら どうすればいいですか？

わかりました！

このワザを知ってから…

明日の持ち物を連絡します。質問は最後に聞くので、話の途中ではしません。それでは…

…ということです。それでは質問ありますか？

ないでーす！

話の最後に質問を聞くと伝える

 「明日の図工の持ち物を説明します。話の途中で質問しません。最後に必ず質問を聞きます。だから最後まで話を聞きましょう」

 「はい」

途中の質問で話の内容を忘れてしまう語りをする

 「話の途中で質問に答えると、どこまで話をしたか分からなくなってしまいます。また、大切なことを伝え忘れてしまうこともあります」

 「それでは連絡します」→明日の連絡

話の最後に質問を聞く

 「最後までよく聞きました。質問ある人？」

以下、質問が出た場合です。

― 教師の話になかったことへの質問（よい質問）―

 「色鉛筆でなくてクレヨンでもいいですか？」

 「質問した人だけでなく、全員に向けて答えるので聞きましょう。クレヨンでも構いませんよ」

― 既に連絡済みへの質問（悪い質問）―

 「色鉛筆でなくてクレヨンでもいいですか？」

 「その質問は話の中にありましたよ。聞いていた人？はい。○○さんが代わりに答えます」

いつ質問していいのか見通しをもってもらう

「今話しているでしょ！」ついつい強い口調で注意してしまいがちです。あらかじめ「質問は最後に聞くので途中の質問には答えません」と、ひと言伝えるだけで不要な質問が激減します。

語りのステップ ① のポイント

「質問は最後に聞くので途中でしません」
これが前提となります。

語りのステップ ② のポイント

「なぜ先生が話をしている途中で質問してはいけないのでしょうか」と聞くのも有効です。
「気が散ると思います」「他の人の迷惑だから」など、子どもなりに考えてくれます。
「そうだね。だから最後まで聞いてから質問をするのですね」と伝えることもできます。

語りのステップ ③ のポイント

質問を受けたら
「これは質問した○○さんだけに答えるのではありません。教室にいる全員に答えるのと同じです」と伝えることで同じような質問を受けることが減ります。
滅多にないことですが、よい質問を受けることもあります。例えば校外学習のしおり。雨の日の持ち物に折りたたみ傘とだけ明記した場合です。「カッパでもいいですか」と質問を受けたら「よいです」と伝えた後に「先生も気づかなかったよい質問ですね」とひと言加えます。

校外学習、宿泊学習の持ち物の質問には！

しおりの持ち物の質問は必ず出ます。ここは慎重になります。「1組の先生はいいって言ってた！」となりかねません。基本は「書いてある通りです」と答えます。しおりの「トランプ」への質問で「UNOはいいのですか？」があります。これも「トランプって書いてあるのでトランプだけです」と答えるべきですが、「トランプだけだと思います。後で学年の先生と相談します。保留といってその質問は預かります」と答える場合もあります。

こんな場面でも

子どもが発言している途中で口を挟む時

学級会の話し合いで、お楽しみ会で何をするかアイデアを出す場面です。
ある子が「爆弾ゲームがいいです。理由は…」と発言の途中で、
「ええ（否定的な）」
「それどうやってやるの？」
など途中で口を挟むことがあります。
その場合は以下のようにします。

「ちょっと待って！
まだ発表の途中です。
最後まで聞きましょう。
アイデア出し終わったら、
次は質問や意見を出す時間になります。
話の途中で質問をしないのは先生とだけの約束ではないですよ。
今、皆は聞く番です。話す、聞くにも順番があるのですよ」

21　子どもが集中する話の聞き方の語り

⏱ 指導時間の目安 **10**分

―心のコップを上向きに―

語りのステップ

① 「現状把握」：コップに水を入れる実演を見る
② 「心に響く語り」：「心のコップを上向きに」の語り
③ 「未来を選択させる」：「心のコップを上向きに」を意識してもらう

聞き方のマナーを伝えます。
下向きのコップに水を注ぐと
どうなるかな？

こぼれます！

そうだね。
水はコップに
入らないでこぼれ
ます。

ジャバ
ジャバ

コップを上向きに
すれば水が入りま
す。

皆の心にもコップがあります。
どんなに大切な話も心のコップ
が下向きだとお話が入っていき
ません。心のコップを上向きに
しよう。

はい！

コップに水を入れる実演を見る

「コップを逆さにして水を注ぎます。
どうなりますか？」

「溢れます。」→実演する。

「その通り。溢れます。
コップを上向きにするとどうなりますか？」

「水が入ります」→実演する。

「心のコップを上向きに」の語り

「皆さんにも、心のコップがあります。
心のコップが下向きだとお話が入っていきま
せん。手いたずらしたり、ボーッとしたり、
聞く気持ちのない時はこのように溢れてしま
います」→実演する。

「逆に手に持っているものを置いて、目を話
す方に向けて話を聞く時は心のコップが上向
きなので、どんどん話が入っていきます。
どんなに大切な話も心のコップが下向きだと
入って行かないのです」→実演する

「心のコップを上向きに」を意識してもらう

「先生が心のコップは上向きになっています
かと聞いたら、今回の話を思い出してほしい
です」

指導のポイント

見えない心を見えるように例える

4月、新しい学級を受け持ったら1週間以内にする語りです。いきなりコップとヤカンを見せると子どもは何が始まるのかと集中します。この語りも忘れたであろう3学期にもう一度行います。子どもは「ああ！昔見た！」と思い出します。「それでは復習だね！」と伝えてもう一度実演します。子どもの聞く構えを作る語りです。

語りのステップ ① のポイント

何も言わずにニコニコしながら教卓にコップとヤカンを用意します。溢れてもいいように受け皿も用意するとよいです。「大切な話をします」と子どもの視線を集めます。

語りのステップ ② のポイント

もう一度実演しながら語るとより印象に残ります。
コップを逆さにしながら水を注ぐ場面では「話が入っていかない」ことを、コップを上向きにする場面では「話が入っていく」ことを伝えます。この2回の実演で「水が入る」ことと「話が心に入る」ことが結び付きます。

語りのステップ ③ のポイント

この語りで「心のコップを上向きに」という言葉が実感をもって子どもに伝わります。
授業で大切な話をする場面や、理科で実験の説明をする場面などで「心のコップは上向きになっていますか？」と伝えます。教室全体を見回して聞く構えができてから「全員の心のコップが上向きになりましたね」
と伝えて説明を始めます。

他にもこんな指導が！

「話をします」と言って全体を見渡します。
「手はお膝。目は先生に！」
と伝えます。
教師が手をかざします。
（どうぞのように手の平をかざすイメージ）
「この手が教室の端から端まで動きます。手は膝、目は先生になっていない人のところでこの手が止まりますよ。ではいきます！」
と伝えてゆっくりとかざした手を1号車方面から4号車方面に向けて動かします。
子どもの視線が一気に教師に向きます。
＊教師は教卓から動かなくて大丈夫です。

 あなたの聞き方は人にどう思われている？

話をしているときに、明らかに下を向いて手いたずらして話なんて聞いてなさそうな子がいました。一通り話し終えてその子に伝えました。「○○さん、先生が何て言ったか聞いていましたか？」「はい」「では何て言いましたか？」と聞くと、ちゃんと答えたのです。「○○さん、確かに聞いていたね。悪かった。それでも、せっかく話を聞いていたのにそのような聞き方だと損するよ。聞き方も大切だから、次からは話を聞くときは目をこちらに向けてくれると嬉しいな。せっかく聞いているのに印象悪く思われるのはもったいないよ。○○さんに損してほしくないから」と。このエピソードを教室で時々伝えています。

22 話を全身で聞くようになる エクササイズ

⏱ 指導時間の目安 **30分**

―良い聞き手・悪い聞き手をロールプレイで体験！―

語りのステップ

① 「現状把握」：話を聞いてくれない体験をする
② 「心に響く語り」：相手が嬉しくなる聞き方を語る
③ 「未来を選択させる」：「頷き」「質問」「共感」の3つを意識する

話を聞いてくれない体験をする

「よい聞き方の学習です。隣同士で行います。話し手役は、朝起きてから学校に来るまでのことを話します。時間は1分間。聞き手役は、聞きたくない嫌な雰囲気で聞きます。それでは向かい合って。1分スタート」

相手が嬉しくなる聞き方を語る

「話し手役の人はどんな感想を持ちましたか？」

「聞いてくれなくて悲しくなりました」

「どのような聞き方だと、そんな気持ちになってしまうのかな？」

「目を合わせない」「嫌な顔をする」

「次は逆で、もう話を聞きたくてたまらない雰囲気のよい聴き方をしてください」

「頷き」「質問」「共感」の3つを意識する

「どのように聞いてくれると嬉しくなる？」

子どもたちにたくさん発表してもらう

「話をしていて、質問されると嬉しいね。頷きながら聞いてくれると安心するね。そうそう！ってひと言あると、もっと話したくなるね」

「頷き」「質問」「共感」の３点セットで話を聞く

「話をちゃんと聞こう」と言われても子どもは「ちゃんと聞いているのに」と思っています。

そこで聞き方の役割演技です。最初に嫌な聞き方で相手の話を聞きます。話し手役はここで「こんな聞き方されると嫌になる！」と実感できます。その対比でよい聞き方をするのです。

語りのステップ ① のポイント

嫌な聞き方を体験してもらう場面です。

「話にはよい聞き方と悪い聞き方があります。自分では、ちゃんと聞いているのに！と思っても相手に嫌な気分にさせてしまったなんてこともあります。実際によい聞き方と悪い聞き方を体験してもらいます。どのような聞き方だと相手が嬉しくなるか考えましょう」

と内容を伝えます。

語りのステップ ② のポイント

悪い聞き方の例として「本（タブレット）を見ながら、話を聞きます」と具体例を出して行うのもよいです。「どのような聞き方をされると、嬉しくなるかな？」と聞きます。全体で発表してもらいます。子どもの発表を「頷き」「質問」「共感」の視点で聞くとまとめやすいです。

「頷いてくれると嬉しい」「時々質問されると聞いてくれているとわかる」「そうそう！わかるわかる！って言われると安心する」とおおよそ３種類の意見が出されると思います。

語りのステップ ③ のポイント

「頷き」「質問」「共感」の３つが大切なのだとまとめます。今後の学習は、常にこの３つを意識するように伝えます。具体的には、話し合いに入る前に「よい聞き方のコツが３つあったよね。○年○組の聞き方の極意３か条が」のように伝えて、「お隣同士で３つ言い合ってごらん」と促します。確認してから「それでは３か条を意識して班で話し合いましょう」と伝えます。

ロールプレイの詳細

1　学級を話し手役、聞き手役に分ける

「隣同士でペアです。廊下側の人は話し手役。ベランダ側の人は聞き手役です」

2　嫌な聞き方のロールプレイ

「話し手役は朝起きてから学校に来るまでのことを１分話します。聞き手役は聞きたくない！雰囲気を出して嫌そうに聞きます。１分間はじめ！」

→１分後、役割チェンジして同様に行う

3　フィードバック

「どのような聞き方をされると、話していて嫌になるかな？」と問う。隣同士で意見交流→班で意見交流→全体で発表する

4　よい聞き方のロールプレイ

「今度は聞きたくて聞きたくてたまらない！という聞き方をします」

→２と同様に行う

5　フィードバック

→３と同様に行う。

6　よい聞き方をシェアする

「どんな聞き方をされると話していて嬉しくなるかな？」と問う。「頷き」「質問」「共感」の３つにまとめる。

「○年○組の聞き方の極意３か条」などとネーミングして今後の話し合いなどで意識してもらう。

23 「はいっ」の返事が 1.5倍ハキハキする語り

⏱ 指導時間の目安 **10**分

―見えない声を視覚化する―

語りのステップ

① 「現状把握」：健康観察の場面で子どもの返事を見ておく
② 「心に響く語り」：見えない声を視覚化して語る
③ 「未来を選択させる」：もう一度健康観察をする

健康観察の場面で子どもの返事を見ておく

👨 「健康観察です。Aくん！」

👦 「はい元気です」（以下、続く）

👨 「皆さんの『はいっ、元気です』を聞いていました」

見えない声を視覚化して語る

黒板に小さな字で「はい」と書く

👨 「席が一番後ろのAくん、黒板のこの文字が見えますか？」

👦 「見えません…」

👨 「見えませんよね。一番前のBさんには見えると思います。『はい』という返事も同じです。遠くの人に聞こえないのは返事をしていないのと同じです」

👨 「1の『はい』は遠くの人に聞こえないね。2の『はい』は元気があって遠くまで聞こえます。さらに、3のレベルになると小さい『っ』が入ります。
これは大きくシャキッとした返事です」

もう一度健康観察をする

👨 「それではもう一度健康観察をします！」

見えない声を視覚化して声の大きさに気づいてもらう

「もっと大きな声で返事して！」と全体で言われても、子どもは自分のことではないと思います。「大きな声」のイメージがないからです。そこで見えない声の大きさを視覚化します。毎日全員が声を出す場面、例えば健康観察の「はいっ、元気です」を取り上げて語ります。

語りのステップ ① のポイント

いつものように健康観察を行います。この時に「声がハッキリとしている子」を数名覚えておくとよいです。できれば男子と女子を同数です。後で取り上げて実演してもらうためです。

語りのステップ ② のポイント

声の大きさを１、２、３と順に示す場面です。
板書する時は３つを一気に書かずに１つずつ語りながら書いていくと子どもは集中します。
１の「はい」は小さい声です。
「クラスの半数がこのレベルだなあ」と語ります。
２の「はい」は合格ラインです。
ここで「ステップ１」で覚えていた子に実演してもらいます。
「この返事がレベル２です。合格です」と語ります。
「さらにね」と言ってから、３の「はいっ」を板書します。
「このレベルに達した人は今日いなかったなあ」と伝えると、数名の元気な子が「もう一度やらせてください！」と言うと思います。

語りのステップ ③ のポイント

もう一度、健康観察をする場面です。
ここで３の「はいっ」の返事をする子がいます。
「只今の健康観察で３のレベルに達した人は…」と言って名前を呼ぶと盛り上がります。「呼ばれなかった人で納得いかない人？」と聞いて手を挙げる子がいたら、再挑戦させてあげるとよいです。
「本当だね。先生の間違いだった！素晴らしいよ」と褒めてあげます。

返事で体調や様子を判断！

「健康観察の返事で皆の体調や様子を判断しているんだよ」と伝えるのもよいです。

なぜ返事をするの？

なぜ返事をするのでしょうか。
小学校の授業は返事に始まり、返事に終わります。
１年生の入学式。教室で最初の授業は返事でした。
新しい先生が「名前を呼ばれたら『はいっ』と言ってね」と言ったと思います。６年生。最後の授業は卒業式です。先生から卒業証書を受け取るときに名前を呼ばれます。その時に「はいっ」と返事をします。それが先生との最後の授業です。体育館で何百人もいる中で、あなたが主役です。その一瞬の「はい！」の返事を最高なものにするために毎日、名前が呼ばれたら気持ちよく返事できるように積み重ねていこうね。

それでも声が小さい子がいます。
全員を３のレベルにする必要はありません。
健康観察の時間が嫌な子もいるかもしれません。３つのレベルを示して「自分にできる返事で行こう！」と伝えるだけでも、その子に合った返事ができます。

24　ノートの文字が丁寧になる語り

⏱ 指導時間の目安 **10分**

―「読め！」「読んでください！」の語り―

語りのステップ

① 「現状把握」：子どものノートを見る
② 「心に響く語り」：「読め！」と「読んでください！」の語りをする
③ 「未来を選択させる」：もう一度ノートを持ってくる場面を作り褒める

子どものノートを見る

「ノートに書けた人から先生に見せに来ます」

「自分のノートを見ます。書いた文字は丁寧ですか」

「読め！」と「読んでください！」の語りをする

「文字はマスの中に入っていますか。マスの役目は文字をマスに収めるようにという意味があります」

黒板に丁寧な「あいうえお」と
なぐり書きの「あいうえお」を書く。

「どちらの『あいうえお』を読みたいですか」

「左です」

「お手紙をもらうならどちらの文字で書いてもらいたいですか」

「左です」

「なぐり書きの文字は先生に読め！と言っているのと同じです。丁寧な文字は先生に『読んでください』と言っているのと同じです」

もう一度ノートを持ってくる場面を作り褒める

「これからは『読んでください』のノートを見せてくれると嬉しいです。

 指導のポイント

丁寧な文字→「読んでください！」 なぐり書きの文字→「読め！」

慣れてくると、文字を雑に書いたり中にはなぐり書きの文字を書く子がいます。個別に注意すると「自分のノートだから構わないでしょ！」と反抗されることも想定に入れて、全体に納得する語りをするとよいです。全員をなんとかしようとせず、全体の丁寧さが底上げされればよしとします。

語りのステップ ① のポイント

子どものノートに丸をつける場面です。雑なノート、なぐり書きのノートを探すよりは、お手本になるような丁寧なノートを書く子を見つけるようにします。

語りのステップ ② のポイント

なぐり書きの「あいうえお」、丁寧な「あいうえお」と極端な例を出す場面です。
「どちらの字を読みたいですか？」「手紙をもらうならどちらがいい？」と聞きます。次に「先生が気持ちよくなるのはどちらの文字ですか？」と相手の立場に立ってもらいます。
ここで、ステップ１で探した丁寧なノートを全体に見せて「これが『読んでください！』のノートです」と数名のノートを紹介するのも効果的です。
他にも「テストを採点する人が読めなければ×になることもあるよ」と丁寧さは得をするという伝え方もあります。

語りのステップ ③ のポイント

再度、ノートを見せにくる場面を作ります。
多くの子が丁寧さを意識したノートを持ってくると思います。そこで「さっきより丁寧に書いてくれてありがとう！読んでくださいって気持ちが伝わります」と褒めることができます。

 それでも時が経つと元に戻っていきます

ノートの丁寧さが数日は続くと思います。しばらくすると元に戻っていくと思います。習慣はなかなか変わらないと思うとこちらの気も楽になります。それでも丁寧なノートを丸をつける時に、「丁寧なので◎！」とつけ、全体の丸つけが終わった時に「◎だった人？」と聞くのもよいです。テストの名前が丁寧な時は名前にも○をつけて、プラス１点にする方法もあります。

他にもこんな語りが！

> ノートは頭の中を表します。ノートがきれいな人は頭の中が整理整頓されています。だから丁寧に書こうね。

> 一流の人は道具を大切にします。鉛筆は皆さんを成長させてくれるアイテムです。大切に使いましょう！
> 鉛筆を大切に使っているかは、文字を見ればわかりますよ！

> 文字が丁寧な人は、その他のところでも丁寧です。
> 言葉遣いや当番の仕事、友達との接し方等。丁寧さは自分だけでなく周りを幸せにします。

25 ハッキリと発表するようになる語り

⏱ 指導時間の目安 **10**分

—たった一文字違うだけで意味が変わってしまう—

語りのステップ

① 「現状把握」：なぜハッキリと発表するのが大切なのか聞く
② 「心に響く語り」：一文字違うだけで意味がガラリと変わる語り
③ 「未来を選択させる」：ハッキリ発表すると＋100点と伝える

なぜハッキリと発表するのが大切なのか聞く

子どもは声の大きさを意識せずに発表するようです。

 「発表する時は、ハッキリと声に出します。なぜでしょうか？」

 「相手に伝わらないからです」

 「もう一回言って！となって時間がかかります」

 「どれも正しいよ。黒板に２つの文を書きます」

例「ぼくがウサギだ」「ぼくもウサギだ」と板書

 「２つの違いをお隣同士で相談してごらん」

数名に発表してもらいます。

一文字違うだけで意味がガラリと変わる語り

 「『ぼくが』だと、この人だ！って意味になるね。『ぼくも』だと他にも同じ名前の人がいる！って意味になるね。
たった一文字違うだけで意味がガラリと変わってしまいます。
だから、発表する時はハッキリと伝えましょう。せっかく相手に意見を伝えるのですから」

ハッキリ発表すると＋100点と伝える

 「発表するだけでも100点！ハッキリと発表するとさらに＋100点です。意識していこう！」

指導のポイント

一文字違うだけで意味がガラリと変わってしまう

ハッキリと発表してもらう語りです。教室には声が小さい子もいます。「聞こえない！」という指導ではなく、聞く側が耳を傾け、教室に静けさを作る指導も大切です。

語りのステップ ① のポイント

なぜ「ハッキリと」発表するのが大切なのか、考えてもらう場面です。
「大きな声」ではありません。声が小さい子もいます。
健康観察の返事でさえ苦手な子もいます。
子どもに「なぜハッキリと」なのか理由を発表してもらいます。
いろいろ認めた後に教師が語ります。

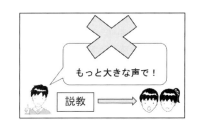

語りのステップ ② のポイント

漫画の例もよいです。他にも、
「僕がヒーローだ」「僕もヒーローだ」「僕のヒーローだ」
の例で考えてもらうのもよいです。
「一文字変わるとガラリと意味が変わるね。だから一文字一文字ハッキリと伝えることが大切なのです」と語ります。

語りのステップ ③ のポイント

それでも声が小さい子がいます。ハッキリ発表するのが苦手な子もいます。そういう子をなんとかしようと考えるよりも「教師がその子のそばで聞いてあげる」、「その子の声を教師が全体に繰り返す」など時々、教師が寄り添うとよいです。

声を出すこと自体、抵抗を感じる子もいます。
「他人と比べる必要はない」「気持ちの大きさは人それぞれ」と伝えると子どもは安心します。

声が小さく発表することが苦手だと感じている子がいる場合は

「ハッキリと！」を要求するのではなく、発表できたこと自体を労う方向でその子と関わっていくとよいです。「発表しようと手を挙げるだけで100点です」とことあるごとに伝えると、子どもも安心できます。
また、発表する時に聞く側が静けさを作り注目する環境を作ることも大切です。
場面緘黙の子がいた時は、隣の子が代わりにその子のノートを発表してあげる方法もあります。

26 「間違えたらどうしよう」
「笑われないかな」発表が不安な子へ

⏱ 指導時間の目安 **15**分

―柔道の最初の練習は「転ぶ練習」「投げられる練習」だよ、の語り―

語りのステップ

① 「現状把握」：発表する場面での挙手する様子を見る
② 「心に響く語り」：失敗する練習の語り
③ 「未来を選択させる」：大きな発表で緊張しないために経験を積む

発表する場面での挙手する様子を見る

👨‍🏫 「発表してくれる人！」

🙍 「（多分合ってると思うけどなあ…）」

失敗する練習の語り

👨‍🏫 「間違えたら不安だなあ、笑われたらなあ、その気持ちはわかります。

そこで負ける練習の話をします。

柔道で最初に学ぶのは受け身といって投げられる練習だそうです。

スキーで最初に学ぶのは、転ぶ練習だそうです。この２つに共通する練習は何だろう？」

🙍🙍 「失敗する練習をすること。」

大きな発表で緊張しないために経験を積む

👨‍🏫 「柔道もスキーも、怪我しないように失敗の仕方を学びます。失敗の体験を先にして大きな怪我を防ぐのです。発表も同じ。恥ずかしい経験をするから度胸がついてくるのです。だから今のうちに発表して慣れるのです。

いずれ皆の前でプレゼンテーションするときがきます。長いスピーチですよ。

その時のために、発表の経験を積むのです！」

指導のポイント

相田みつをの『受身』の詩を読み聞かせする

「間違えたらどうしよう」「笑われたらなあ」高学年になると発表に不安を感じる子がでてきます。相田みつをの詩に『受身』というのがあります。「柔道の基本は受身」に始まり、「転ぶ練習」「まける練習」と続きます。この詩を読み聞かせるのも効果的です。

語りのステップ ① のポイント

「なぜ手を挙げないの！」と、ついつい言いたくなります。しかし、言えば言うほど子どもは発表するのが嫌になってしまいます。

語りのステップ ② のポイント

こんな語りも

次の様子がわかる画像を見せると子どもに伝わりやすいです。
・「柔道の受身の練習風景」→「柔道 受身 練習」で画像検索
・「スキーの転ぶ練習風景」→「スキー 転ぶ 練習」で画像検索
語るのにピッタリの画像をパワポなどで提示します。
さらに相田みつをの『受身』の詩を提示すると効果的です。「ころぶ練習」「まける練習」の「ころぶ」「まける」の部分を隠して「何の練習が柔道では大切だと思う？」と聞くのも方法です。
だからこそ詩にある「まけることの尊さがわかる」が実感できます。「授業で発言する人ほど、恥ずかしい思いをして発表する仲間の気持ちがわかるよね」と伝えることができます。

船は港にある時が安全です。でも、船の目的は違うよね。大きな海で波にもまれながら目的に向かっていく。発表も同じ。手を挙げなければ、恥ずかしさも不安もない安全地帯。それよりは、恥ずかしさ、不安さを経験しながら自分の意見を伝える人になって欲しい。大きな海に進み出す人になって欲しい！

語りのステップ ③ のポイント

発表に対して「正確な答えを言わなければならない」という考えをもつ子がいます。不安を和らげるために「隣同士で発表し合う」→「グループで発表し合う」場面を多く作り、自分の考えを伝える経験を積んでもらうのも大切です。

 発表しようとする行動そのものが素晴らしい！

「先生は100点の答えを求めていません。100%を求めています。
100点とは正解のこと、100%とは発表しようとする行動です」と促すときもあります。

例えば「1足す1は3」って発表したら間違いだよね。
でも、発表したことは間違いではない。
「3は違うんだ」って立派なデータになる。「3の可能性はない」ということをクラスの皆に伝えたんだよ。

27 何のために文章を書くの？
に答える語り

⏱ 指導時間の目安 **10分**

― 「一日の振り返りを言葉で刻み込む」「言葉の使い手になる」 ―

語りのステップ

① 「現状把握」：書くのが苦手な人？と聞く
② 「心に響く語り」：なぜ文章を書くのか語る
③ 「未来を選択させる」：短くてもいい。書き続けることが大切と伝える

書くのが苦手な人？と聞く

 「では、授業の振り返りを書きましょう」

 「（ええ～文章書くのは面倒だなあ…）」

なぜ文章を書くのか語る

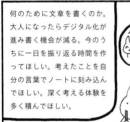

 「そもそも何のために書くのかな？大人になったら書く機会が減ると思う。デジタル化が進むからです。その分、考えを表現することが重要になります。今のうちに授業を振り返る習慣をつけて欲しいです。感じたこと、考えたことを自分の言葉でノートに刻み込んで欲しいです。書くことで深く考えるようになるから。

さらに、言葉の使い手になってほしいです。人は言葉を使って考えます。言葉の数が多いほど考えが広がります。言葉で考え、鉛筆を動かして表現する力を磨いてほしいのです」

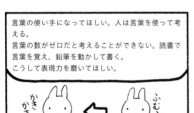

短くてもいい。書き続けることが大切と伝える

 「慣れないうちは短くてもいいです。書くうちに慣れてくるから。だから教室では振り返りを書き、日記を書くことで文章力の腕を磨くのです」

指導のポイント

「なぜ書くのか」納得すると行動する

「発表できなかった人が何を考えているのか知りたい」「発表した子も他にどのような考えをもったか知りたい」こういった視点で子どもに「書く理由」を伝えることもできます。

語りのステップ ① のポイント

「先生は宿題でなぜ日記を出すと思う？」「なぜ授業の終わりにまとめの文章を書くと思う？」と子どもに聞くのもよいです。子どもなりに意見を発表してくれます。中には「授業で仕方なく書いています」と正直に言う子もいます。「そうだったか！先生がなぜ文章を書くのか説明していなかったものね」と子どもの気持ちを受け止めることもできます。

語りのステップ ② のポイント

下の画像は、実際に私が書いたものを教室で配付して読み聞かせしたものです。

4月、宿題で日記を出すときや授業の終わり数分で振り返りを書いてもらうための語りです。

こうしたプリントは保護者も目にすることになります。担任の指導方針が伝わりやすいです。

語りのステップ ③ のポイント

全ての教科で振り返り、宿題で毎日日記を書いてもらうのは教師も負担になります。

「これは！」と思う場面に絞って、教師も子どもも続けられそうな「書く体験」をさせてあげたいです。

第4章

サボりがちな雰囲気への対応編

28　当番を面倒だと思う子を変える語り

⏱ 指導時間の目安 **10**分

― 「ネバナさん」と「タメコさん」 ―

語りのステップ

① 「現状把握」：当番を面倒そうにやる人がいることを伝える
② 「心に響く語り」：ネバナさんとタメコさんの語り
③ 「未来を選択させる」：人のために！を意識しようと伝える

当番を面倒そうにやる人がいることを伝える

 「最近、当番の仕事を嫌そうにやっている雰囲気が目立ちます。これから２人の当番に対する考え方を紹介します」

ネバナさんとタメコさんの語り

 「ネバナさんとタメコさんです。ネバナさんは、いつも、『ねばならない』と考えます。掃除をせねばならない、給食を運ばねばならない、このように考えます。何事も面倒に感じています。タメコさんは逆です。どのように考えていると思う？」

 「皆も当番しているから自分も頑張ろうと思う」

 「人の喜ぶ顔が見たいと思う」

 「タメコさんは、何事も『友だちのため』だと考えます。『掃除をすると友だちが気持ちよく歩ける』給食を運ぶと『ありがとう』と返してくれて嬉しい

人のために！を意識しようと伝える

 「当番は『しなければならない』と思えばそうなります。でも『友だちが気持ちよく生活できる』と思えば、それは当番ではなくなります。どうせなら、気持ちよくタメコさんのような感じ方ができるようになればいいね」

指導のポイント

どうせするなら「友だちのため」に当番しよう

当番をするとき「面倒だなあ」と思って仕事するのも「友だちのため」と思って仕事するのも、仕事をすることには変わりません。ならば「友だちのために」と思った方が気持ちが前向きになります。

語りのステップ ① のポイント

特定の当番を名指しで否定すると「他の当番だって嫌々やっているのに」と思われてしまいます。ここは全体に語ります。

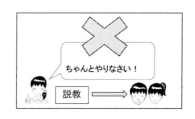

語りのステップ ② のポイント

板書しながら語るとイメージが湧きやすいです。

| ネバナさん | → | 当番「ねばならない」 |
| タメコさん | → | 当番「友だちのため」 |

「いらすとや」で困った子どもの顔、嬉しそうな子どもの顔を検索してパワーポイントで提示するのも効果的です。

語りのステップ ③ のポイント

実際に「人のため」に当番をする子を労います。
「笑顔」で当番する子を見つけて労います。
「おお、その笑顔は友だちのためを思って仕事しているね」のように。
また、「黒板当番お願いします」と言った時に、すぐに黒板に向かう子に「早いね！それだけ人の役に立とうとする気持ちが伝わるよ」と労うこともできます。

 ネバナさんとタメコさんの考え方の違いは？

このように聞くことで当番に対する違いをよりくっきりさせることもできます。

| ネバナさん | → | つまらなそうにやる | いやいややる | 暗い | 疲れる |
| タメコさん | → | 楽しそうにやる | またやりたくなる | 明るい | 感謝の気持ち |

などのキーワードで子どもに納得してもらうこともできます。

29 「無理！」の思い込みを外す語り

⏱ 指導時間の目安 **5分**

―心のメガネが汚れているよ―

語りのステップ

① 「現状把握」：やる前から無理と決めつける場面があることを伝える
② 「心に響く語り」：心のメガネの語りをする
③ 「未来を選択させる」：困難なとき「心のメガネが汚れている」と考えてもらう

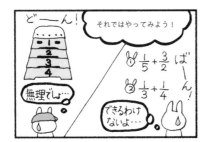

やる前から無理と決めつける場面があることを伝える

「最近、こういう人が増えています。算数の問題を見ただけで『もう無理』と思う人。こういう人は心のメガネが汚れている可能性が高いです。この話で考え方が変わるといいな」

心のメガネの語りをする

「ある男がガソリンスタンドに入りました。店員が窓ガラスを拭き終ると、男はまだ汚いから、もっときれいにしてくれ！と言いました。店員がもう一度きれいにすると、まだ汚い！！と怒鳴りました。

すると助手席の奥さんが男のメガネをとってそのメガネにあることをしました。男が再びメガネをかけると、窓ガラスはきれいになっていることに気づきました。奥さんは男のメガネをどうしたのでしょうか？」

「新しいのに変えた」「眼鏡を拭いた」

「メガネを拭いてあげたのです。レンズが汚れているから窓も汚れているように見えたのですね」

困難なとき「心のメガネが汚れている」と考えてもらう

「私たちも汚れたメガネで勉強を見ているかもしれないよ。できない！と思い込む前にまずはやってみよう！」

指導のポイント

やってみなければわからない。だから心のメガネを拭こう！

「心のメガネが汚れているだけかもしれない。まずはやってみよう」と前向きな言葉かけをする語りです。

語りのステップ ① のポイント

「え〜無理！」と聞くと「やる前から言わないの！」と強い口調で指導したくなります。

ここはグッと我慢して「心のメガネが汚れているかもよ」と伝え、「心のメガネ！？」と興味をもってもらい語り始めます。

語りのステップ ② のポイント

「奥さんは男のメガネをどうしたと思う？」
ここで考えてもらいます。

答えを聞いて子どもは「それだけ？」と思うかもしれません。そこでステップ３の語りをします。

語りのステップ ③ のポイント

「実は私たちも心の中にメガネをかけています。
ちょっと苦手なことがあると『もう無理！』、
算数で難しい問題を見ると、『できないに決まってる』と決めつけているのです。
そういう人は、ガソリンスタンドの男のように、自分の心のメガネが汚れているだけかもしれません。
何か自分にとって嫌な場面が来たら『あ！メガネが汚れているかも』と思えると良いですね」

こんな語りも！

学校は、はじめてすることばかりだよね。
新しい漢字
新しい算数
新しい跳び箱の授業など。
毎日新しいことに出会うから不安になるのもわかるよ。
算数で悩んでもできなかった過去、跳び箱で失敗した過去、そういう過去があるから「無理」って思うのだよね。
あの時より皆さんは体も成長しているし、頭脳も成長しているんだ。
もう昔のあなたではない。
無理って決めつけると、できなかったときに、やっぱりなって思ってしまうから。だから、心のメガネを拭いて、どうしたらできるかなって前向きに努力していこう！
新しい勉強だから1回でいきなりできるわけがないと思って！

「無理なものは無理！」と言う子も

語りをしても「無理なものは無理！」と言う子もいるかもしれません。
その場合はスルーします。
クラス全員が納得しなくても、多くの子に響けばよし、とした方がこちらの心も楽になります。

30 当番の仕事を前向きにする語り

―クラスの根っことなって支えているのです！―

語りのステップ

① 「現状把握」：桜と木の根っこの画像を見てもらう
② 「心に響く語り」：木の根っこと当番は同じだと語る
③ 「未来を選択させる」：根っことなってクラスを支えようと伝える

桜と木の根っこの画像を見てもらう

「綺麗な桜だね。先生は、こんなにすごい花を咲かせる桜の根っこってどれだけすごいのだろうって思うよ。実は桜の木と同じくらいの根っこが地面の下に広がっているのです」

木の根っこと当番は同じだと語る

「当番も同じです。皆が教室で気持ちよく生活を送れるのは35人が様々な当番をしてくれるからです。黒板を消す人、ゴミ捨てに行く人、掃除当番など根っことなってクラスを支えてくれているのです。根っこがないと植物はすぐに枯れてしまいます。
クラスも当番がないとすぐに崩れてしまいます。」

根っことなってクラスを支えようと伝える

「有名なテーマパークも目立つキャラクターの影で掃除をしてテーマパークをきれいにする根っこの役割をする人もいるよ。
当番はクラスの根っこ。皆でクラスを支えていこう！」

クラスの根っことなって支えてね

４月の当番決めの場面、高学年になると「ええ！黒板当番になっちゃったよ！面倒だなあ」と思う子がいるかもしれません。この語りをすることで「黒板当番のような大変な仕事こそ、クラスを支える太い根っこなんだよ」と説得力をもって語ることができます。

語りのステップ ① のポイント

桜の画像を提示します。パワーポイントで提示するとよいです。

「先生は、この桜の根っこってすごいと思うよ」と伝えて、根っこの画像を提示します。地中の根っこの画像はなかなか見つかりません。そこで地表に浮き出る根の画像を提示して「地中の中はどれ程の根が張り巡らせていると思う？」と子どもに聞くのもよいです。

Aの花とBの花はどちらが先に枯れると思う？
それはどうしてかな？

語りのステップ ② のポイント

水差しの花と根のある画像を提示します。図１のようにどちらが先に枯れてしまうか聞いた後で、「根性」「根気」と板書して「根がつく熟語は気持ちを支える時に使うのが多いね」と語るとよいです。

提示する画像

図１

語りのステップ ③ のポイント

図２のような桜全体のイラストを提示します。
桜の花の部分に子どものイラストをつけ、根の部分に教室にある当番をいくつかつけます。
こうすることで桜と当番を視覚的に結びつけることができます。パワーポイントだと作成が楽になります。

図２

 何でも頑張る！という名の当番

「自分はどこの当番でもいい！という何でも頑張るやる気のある人がいたら手をあげて！」と全体に促します。クラスに数名は「どの当番でもいい」と思う人がいます。
どの当番でも全力でやろうとする前向きな子を取り上げて褒めることができます。

31 教室でぶつかった時に
「こちらこそごめんね」と言い合える語り

⏱ 指導時間の目安 **10分**

―「江戸しぐさ」であたたかい雰囲気に―

語りのステップ

① 「現状把握」：ぶつかったら口論になる現状を知る
② 「心に響く語り」：「江戸しぐさ」の語りをする
③ 「未来を選択させる」：「江戸しぐさ」でいこうと伝える

ぶつかったら口論になる現状を知る

「『江戸しぐさ』って聞いたことある？昔の人が狭い場所でもお互い気持ちよく生活できるマナーだよ」

「江戸しぐさ」の語りをする

「例えば、狭い所でのカニ歩き。どうやってすれ違う？」

「カニのように歩くのかな」

「横になって歩く！」

「狭い所を横切る時、お互いが横になって歩くとぶつからずにすれ違う」

「では、うかつ謝りってどんな謝りかな？」

「何だろう？」

「すれ違う時に足を踏んでしまった。
その時に足を踏まれた方も、こちらこそうっかり足を出してごめんなさいって謝るんだ」

「江戸しぐさ」でいこうと伝える

「『江戸しぐさ』は教室でも役に立つことたくさんあるよ。教室では多くの仲間が生活します。
お互いが気持ちよく生活できるようにしていこう」

先に並んでたよ！割り込まないでよ！をなくす

「割り込まないでよ！」教室で一度は耳にしたことのあるトラブルだと思います。
「江戸しぐさ」の語りで「先にいいよ」の声に変える実践です。

語りのステップ ① のポイント

「江戸しぐさ　ポスター」で画像検索すると様々出てきます。
パワーポイントに画像を挿入して提示すると視覚的にわかりやすいです。

語りのステップ ② のポイント

カニ歩き、うかつ謝りは子どもに出てきてもらい、教師と実演すると視線が釘づけになります。

「傘かしげ」を教室で子どもに実演してもらうと盛り上がります。
透明なビニール傘を2本用意します。

「傘をさして狭い道をすれ違うとき、傘をどうするかな？」

と聞いて、実際に子どもに傘をさしてもらいすれ違ってもらいます。
傘を斜めにしたり、すぼめたりと何通りか出ます。

語りのステップ ③ のポイント

「江戸しぐさ　AC公共広告」
と検索するとYouTubeに30秒ほどの当時のCMがあります。
これを子どもに見せるのもよいです。また、「江戸しぐさ」をする子がいたら「わあ！『江戸しぐさ』だね」と労います。

こんな場面で「江戸しぐさ」

1　給食の配膳で並ぶ時
2　ノートを教師に見せにくるとき
3　教室ですれ違う時
4　給食の後片付けで、食器を戻す場面で同時になったとき
5　教材を取りに集まるとき
6　理科の演示実験を見に教卓に集まるとき

このような場面で「江戸しぐさが使えるよね」と声をかけるとよいです。

オリジナル「江戸しぐさ」を募集するのもゲーム感覚で面白いです。
「令和しぐさ」「1組しぐさ」のようにネーミングしてあげると喜びます。

教師の率先垂範をこんな場面で

給食の配膳や後片付けの時、狭いところを子どもとすれ違うことがあります。「先にどうぞ」と手刀で子どもに先に通ってもらったり、お盆を食器カゴに戻す時、子どもと同時になったら手刀で「先にどうぞ」とやることがあります。毎日続けると子どもは会釈したりお礼を言ったりするようになります。

32 「いいなあ○○さんは勉強できて」って言う子に努力の語り

⏱ 指導時間の目安 **5分**

―他の人がゲームしている時に努力しただけ―

語りのステップ

① 「現状把握」：「100点取って頭がいいなあ」の場面を知る
② 「心に響く語り」：努力の語りをする
③ 「未来を選択させる」：心の才能をもとうと伝える

「100点取って頭がいいなあ」の場面を知る

 「いいなあ。Uさんは100点で！」

 「Uさんは少しやっただけで満点だもんな！」

努力の語りをする

昔、こんな子がいたよ。自分はいつも皆から勉強も運動もできていいねって言われるのが嫌だってね。その子はこう言ってたよ。夕方まで読書して分からない言葉があると辞書を引く。そういう毎日を積み重ねてるだけ。

 「昔、こんな子がいたよ。自分はいつも皆から勉強も運動もできていいねって言われるのが嫌だってね。何でだと思う？」

 「嬉しくないからから」

 「いつかいじめられちゃうかもって思ったから」

スポーツができるのは朝早く起きて父と公園をジョギングしているから。サッカーの合宿も行く。他の人がスマホしている時に自分は努力をしているだけ。努力もしないで頭がいいとか運動神経がいいとか言われたくないってね。

 「その子はこう言ってたよ。スポーツができるのは朝早く起きて父とランニングしているから。
土日はサッカーの試合や合宿がある。
夕方は読書して分からない言葉があると辞書を引く。そういう毎日を積み重ねてるだけ。
他の人がスマホしている時に自分は努力を積み重ねている」

心の才能をもとうと伝える

努力を続けられることを心の才能って言う。スマホやYouTubeの誘惑に負けずに努力を続ける。うらやましがる前に努力をしよう。

 「努力を続けられることを心の才能って言うよ。スマホやYouTubeの誘惑に負けずに努力を続ける。
うらやましがる前に努力をしよう」

指導のポイント

できた時「努力したから」・できなかった時「努力が少し足りなかったから」

私は日記に「100点取れて嬉しかったです」的な内容の時は「努力したからだね。おめでとう」のようなコメントを書いています。「100点取れると思ったのに取れなかったです。悔しいです」的な内容の時は「ほんの少し努力が足りなかっただけだよ。次はさらなる努力を！」のようなコメントを書いています。

語りのステップ ① のポイント

テスト返却の後に語るとよいです。前向きになります。

語りのステップ ② のポイント

「前の教え子にね」という架空の設定にしてもよいです。
「何でもできて天才だねって言われるのがなぜ嫌なのかな？褒め言葉に見えるのに」と子どもに問う場面です。
たくさん予想を出させると答えの語りが待ち遠しくなります。

「100点取って頭がいいなあ」と褒められるより「努力したから100点なんだね」と褒める方がよいと言われています。
能力を褒められ続けると、80点取った時に「能力が足りないからだ」と感じるようです。努力を褒められ続けた子が80点取ると、「もっと努力しないと！」と感じるようです。

語りのステップ ③ のポイント

> 「今　寝る人は夢を見る」
> 「今　努力をする人は夢を叶える」

名言を伝えるのも効果的です。短いフレーズなので子どもが計算や漢字練習をしている時に全体に時々伝えると浸透します。

 諦めるのはもったいない！

「後1回練習したら逆上がりができたかもしれない」
「諦めるのは過去の努力を捨ててしまうことだよ」と言った声かけもよくしています。

こんな語りも！

1　嵐や雨なしでは虹は生まれない。きれいな虹を見るために嵐や雨のような努力が必要なのです。

2　できないことが恥ずかしいのではないよ。努力するのが面倒だと言ってやろうとしないことの方が恥ずかしいのだから。

3　脳は平等です。頭がいい脳とかダメな脳とかありません。それを発揮できるかどうかは、やり続けられるかどうか。続ければ才能は開くよ。

Aさんは漢字50問テストに向けてノートに努力を重ねていました。
ページで5ページ分を毎日です。
1週間続けたからページにするとおよそ30ページです。
だから100点が取れたのです。
Bさんは逆上がりを成功させるために毎日20分休みに練習をしていました。2週間後、成功です。かけた時間はおよそ200分です。
時間をかけて努力を重ねれば必ず花開くよ。

33　自分の嫌なことはしない！こだわりの強い子への対応術

⏱ 指導時間の目安　**5分**

―○○と○○はセットだから、しないとね―

語りのステップ

① 「現状把握」：何を嫌がっているのかを把握する

② 「心に響く語り」：こだわりが強い子に「語り」はあまり通用しません

③ 「未来を選択させる」：AとBはセットだよと伝える

＊こだわりの強い子には「語り」は通用しにくい傾向があります。よって行動を促すことを考えます

何を嫌がっているのか把握する

―事例1―

「Cくん。計算ドリルはここまで書こうって伝えたよね」

「嫌だ（もしくは無言）」

―事例2―

「Dさん。今、○年○組は国語の時間だからさ」

「…」

＊こだわりが強い子に「語り」はあまり通用しません

学ぶ理由を語ってもあまり効果はありません。

AとBはセットだよと伝える

―事例1―

「Cくん、給食のお代わりと計算はセットだからさ。ノートに書こうね。今日もお代わりするんでしょ。じゃあ書こう」

―事例2―

「Dさん、お絵描きと国語はセットだからさ。ノートに書こうね。後でお絵描きするでしょ。じゃあ今は漢字書こう」

指導のポイント

徹底させないのも大切

配慮を要する子に対して、教師の指示通りにならないと強い口調になってしまいがちです。「多分、言っても変化しないだろうなあ（変化したらすごいぞ！）」ぐらいの構えで伝えた方が、実際に指示通りにならなくてもあまり落胆せずに済みます。

語りのステップ ① のポイント

配慮を要する子の苦手なこと・好き（得意）なことを早い段階で見つけておくとよいです。

語りのステップ ③ のポイント

特別支援を要する子には、語りはあまり通用しません。語るのではなく「ルール」を伝えたり「選択」を伝える方が比較的指導が入りやすくなります。

語りのステップ ③ のポイント

配慮を要する子が「だって面倒なんだもん」と答えたら、「そうだよ。これは面倒な学習なの。○年生だから、この面倒な学習ができるのです。去年だったら難しいぞ」と伝えることもあります。
この教師の語りかけを周りの子も聞いています。周りの子への声かけにもなっているのです。

算数の計算が途中でできなかった、答えが違っていた場合は「ここはできた。ここもできた」と部分的に丸をつけてあげることも有効です。

こんな場面では

片付けができない子は、教師が片付けてあげるのも有効です。
「次は自分でできるといいね」と伝えながら、一緒に片付けます。
周りの子が手伝ってあげる場合もあります。
その時は
「手伝ってくれてありがとうね。手伝ってもらった○○さんもきっと心で喜んでいるからね」と伝えます。

どのように学ぶかは教師との合意形成が大きいです。
「漢字ドリルは５つ練習する？　今日は３つにする？」
と選択してもらいます。どちらを選んでも学習する選択肢です。
自分で選択したので取り組む可能性が高くなります。

 ### 事実のみを伝えるのも有効

配慮を要する子に「すごい」「頑張ってるね」とほめた時に「すごくない」「頑張ってない」と返されることもあります。これは教師に反抗心を持っているのではありません。
声をかけるなら「書いてる！書いてる！」のように事実を伝えるとよいです。

34 停滞した係活動を甦らせる語り

⏱ 指導時間の目安 **10分**

—そもそも「なぜ係活動をするのか」考えよう—

語りのステップ

① 「現状把握」：なぜ係活動をするのか考えてもらう
② 「心に響く語り」：勉強も遊びも全力でやる語りをする
③ 「未来を選択させる」：今後、係をどのように盛り上げるか発表してもらう

なぜ係活動をするのか考えてもらう

「最近、係活動があまり盛り上がっていません。中には全く活動していない係もあります。そもそも何のために会社活動をするのでしたっけ？」

「協力するためです」

「クラスを楽しくするためです」

勉強も遊びも全力でやる語りをする

「この○日間ほど、係活動に『本気さ』が感じられません。
例えば朝の会でクイズ係が出し物をしている時、その場で『あっ私たちも！』と準備を始めて他の係の発表を聞かない所もありました。
4月に係をやりたいと言ったのは皆さんです。
言い出したからには中途半端にせずに、勉強も遊びも全力で準備するのがよい学級です」

今後、係をどのように盛り上げるか発表してもらう

「今から係活動に対して、どのような態度で取り組むのか発表します」

「私たち新聞係は週に一回新聞を書きます」

「僕たちは昼休みに校庭で遊ぶ企画を考えます」

「決意したからには行動で示していこう」

指導のポイント

子どもに原因を考えてもらう

教師が説教をするよりも、子ども自身に「なぜ係活動が活発でなくなってしまったの？」「これから活発にするにはどうするの？」と考えてもらうと再び係活動が活性化します。

語りのステップ①のポイント

子どもの意見を集約する場面です。
子どもの意見を可視化するために黒板に書いてもらいます。
黒板にチョークで線を一本入れて半分に分割します。
左側に「何のために」という理由を、右側には「これからどうする」と今後の方針を書いてもらいます。

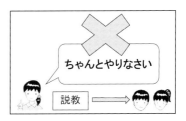

語りのステップ②のポイント

係によっては、活動自体に興味がなくなった場合もあります。
「長く続けるのが大切だけど、当番と違って係はなくてもよいもの。
一度解散して新たな楽しい係を作ってもいいよ」と伝えるのも大切です。

語りのステップ③のポイント

係活動の時間、次のような始め方もあります。

「この時間、どのような活動をするのか係のリーダーに発表してもらいます」

「新聞係です。この時間は新聞のアイデアを出し合って半分は仕上げます」

「クイズ係です。この時間は帰りの会で出すクイズを作ります」

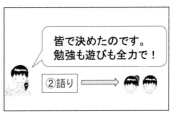

このように何をするか発表してもらうことで、係活動の時間に遊んでしまうのを防ぎます。

係活動はいつやるの？

1　学級活動の時間　2　朝の時間　3　テストが終わった後（友達と喋らず一人でできる活動）
4　休み時間

高学年になると委員会などで係活動の時間の確保が難しくなります。
「短い時間で何ができるか？誰がそれをするか？」
相談する時間を設けると活動の停滞を防ぐことにつながります。

35 「自分一人ぐらい手を抜いても大丈夫だろう」をガラリと変える語り

⏱ 指導時間の目安 **10分**

―王様のワイン―

語りのステップ

① 「現状把握」：音読をしない子がいるのを知る
② 「心に響く語り」：ワインの王様の語りをする
③ 「未来を選択させる」：「自分こそ」と前向きな気持ちになってもらう

音読をしない子がいるのを知る

次のような場面で有効です。

「教室の音読の声が小さいなあ」

「当番をいつも同じ子がしているなあ」と感じた時。

「ここには35人がいます。何人かは音読していません」

ワインの王様の語りをする

「（王様のワインの語り→詳細は右ページに）
が…なんと、樽の中は全部ただの水だったのです。何で樽の中は水だけだったと思う？
1人だけだよね、ズルして水を入れたのは」

「家来が水と入れ替えたかな」

「誰かが飲んじゃって水を入れた」

「実は『自分だけ』と思ったのは、一人だけでは無かったのです。住民が全員『自分だけならいいだろう』と思って水を入れたのです」

「自分こそ」と前向きな気持ちになってもらう

「教室も同じです。
もしかして『自分だけなら』ってズルしている人いませんか。教室全員が勉強をズルしたら教室はシーンとします。そういう教室がいいですか？もう一度音読します」

指導のポイント

一人の手抜きから集団が崩れる

「樽の中のワイン」と検索すると寓話がたくさんあります。元サッカー日本代表の岡田監督はこの語りを選手に聞かせたそうです。「サッカーのチームが負ける時には、自分一人が手抜きをしてもかまわないという選手が多くいる時だ」と。

語りのステップ ① のポイント

「読んでいない人がいます。もう一度音読します」
と個人を特定せずに短く伝える方法もあります。
時には全体に説得力ある語りを入れるとよいです。

語りのステップ ② のポイント

王様のワイン

> ある国に、ワインの大好きな王様がいました。毎日たくさんのワインが飲みたいと思い、「一人ワイングラス１杯のワインを樽の中へ入れてほしい。たったグラス一杯のワイン。大したことはないだろう」と住民にお願いしました。これを聞いたある人はふと考えました。「自分だけ、水を入れてもっていけばいい。味は変わらないだろう」
> この住民は樽の中にワイングラス１杯の水を入れました。「ああよかった。しめしめ」一人だけズルができて得した気分でした。
> さあ、王様に集められたワインの樽が運ばれました。いよいよ王様がワインを飲みました。が…なんと、そのワインには味が無かったのです。樽の中は全部ただの水だったのです。

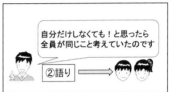

こんな語り方も！

「自分だけいいや」と思ってやってしまったことが広がったらどうなると思う？
・自習の時間に喋る
・学級のルールを破る
きっと真似する人が増えてしまうね。一人の「自分だけ」が学級を壊していくんだよ。

語りのステップ ③ のポイント

ワインの王様と教室を結びつけます。

一人だけ水を入れる バレないだろう	＝	一人だけ音読しない バレないだろう

その上で「皆が一人ぐらいって同じ考えだったら教室はどうなってしまう？」と投げかけるのもよいです。

 しばらくして元に戻ってしまったら？

「ワインの王様の話覚えている人？　また数名が手を抜いているよ」「手を抜く人が出てきたよ！ワインの話を思い出して！」など声かけをします。

36 できない！が続いて 諦めそうになった時の語り

⏱ 指導時間の目安 **5分**

―努力の貯金箱―

語りのステップ

① 「現状把握」：何度やってもできない場面を知る
② 「心に響く語り」：努力の貯金箱を語る
③ 「未来を選択させる」：声かけあって貯金箱に貯めていこうと促す

何度やってもできない場面を知る

目に見えない努力を身近な貯金で例えます。

 「やった！できた！」

 「逆上がりできたね。おめでとう」

努力の貯金箱を語る

 「みんな、心に貯金箱を持っています。そこに努力を少しずつ貯めていくんだ。できなくて諦めそうになるかもしれない。けれど必ず努力が貯金箱にチャリーンって入るんだ。どれぐらい貯まっているか目には見えない。けれど大丈夫だよ」

声かけあって貯金箱に貯めていこうと促す

 「いつか貯まった努力が溢れ出すから。その時にできなかったことができるようになるんだよ。だから貯金箱が溢れるまで努力を貯めていこう！」

 「よし！やるぞ！」

 「頑張って！」

 「お互いに声を掛け合って努力の貯金を続けよう」

指導のポイント

見えない努力を視覚化して語る

簡単な貯金箱の絵を板書します。「1回チャレンジしたらチャリーンと1つ貯まります」と言って貯金箱の底をチョークで少し塗ります。「また1回チャレンジしたら貯金箱に努力の貯金が貯まります」と言いながらチョークで塗っていき、満杯になった時が達成した時と語ります。

語りのステップ ① のポイント

漫画は体育の場面で語っています。
教室に戻ってじっくりと語るのも効果的です。
黒板に簡単な貯金箱の絵を描いて貯まっていく様子をチョークで色塗りながら表現すると視覚的にわかりやすいです。

語りのステップ ② のポイント

「そんなに努力しなくてもすぐできた！」と子どもが言う場合、
「それは貯金箱が小さかったのかもしれないね。
達成すべき目標によって貯金箱の大きさは変わるんだ。
目標が高ければ高いほど大きな貯金箱になります。
そして人によっても大きさは違うのです」
と伝えると納得してくれると思います。

語りのステップ ③ のポイント

逆上がりの場合、逆上がりの補助板の1番上の色で回れた！→2番目の色で回れた！→3番目の色で回れた！と努力が目に見えるように励ますことも視覚的にわかりやすいです。
また、できるようになった子に「どれぐらいの大きさの貯金箱だったかな？」と聞くと周りの励みになります。

 子ども同士で声かけし合う

語りは最初は効果ありますが、日が経つと徐々に忘れられていきます。そこで、子ども同士で声をかけ合おうと日頃から促すことで、努力の貯金箱が浸透していきます。

37 「勉強しなくても誰にも迷惑かけてないよ」に対する語り

⏱ 指導時間の目安 **10分**

―1回の授業600円は誰が何のために払っているのかな？―

語りのステップ

① 「現状把握」：「勉強は何のためにするのか」発表してもらう
② 「心に響く語り」：税金の語り
③ 「未来を選択させる」：どのような気持ちで学ぶか伝える

皆さん。
勉強は何のためにするのかな？

未来のため？

自分のため？

「勉強は何のためにするのか」発表してもらう

 「突然ですが、勉強は何のためにするのですか」

 「自分のため」 「未来のため？」

 「皆が腰をかけている椅子、机はお金がかかります。水道代、電気代などさまざまかかります。学校に来るにはお金がかかるのです。1年間で一人いくらぐらいすると思いますか？」

 「30万円」 「5万円」

学校にあるものはお金がかかります。水道代、電気代など1年間で一人いくらくらいかかるかな？

20万くらい？ 10万くらい！

税金の語り

 「正解は…約80万円です。
これは誰が出すのですか？」

 「親！」

 「働いている見ず知らずの人の税金というお金です。計算すると1日3,500円、1時間の授業で600円ほどになります。」

 「600円も！？」

働いている大人が少しずつ出し合った税金と言うお金です。今もこうして汗水垂らして働いています。

どのような気持ちで学ぶか伝える

 「勉強しなくても迷惑をかけないから自由ですと言うのはおかしくなります。
勉強して賢くなり立派な大人になるのです」

見ず知らずの人の税金で無料で学べるのです。勉強しなくても迷惑かけないというのはおかしいですよ。この時間を大切に勉強しよう！

はい！！

指導のポイント

1時間の授業の価値を何倍にするかはあなた次第！と伝えましょう

租税教室で税理士の方にお話いただいたものをアレンジした語りです。
市町村によって金額は違うと思うので調べてみることをお勧めします。

語りのステップ ① のポイント

学校に来ると使用するもの全てにお金がかかります。
チョーク、黒板消し、ほうき、ちりとり、配膳台、学習端末など
たくさんの例をあげるとよいです。

図1

```
        1年
 ①       0円
 ②    8000円
 ③ 80000円  ④その他
```

語りのステップ ② のポイント

図のようにパワーポイントで作成すると視覚的にわかりやすいです。
図1は「1年でいくらかかると思いますか？」と問う場面です。
3択で挙手してもらうとよいです。
図2で正解を出す場面です。80万円のイメージがつかないと思います。「人気のゲーム機○○が何十個変える値段だよ」と伝えるのも手です。「その他」が正解だったので驚くはずです。
図3では「計算すると1日に3500円。1時間の授業にすると600円になるのです。授業を600円の価値にするか、ボーッとして0円の価値にするか、たくさん発表して1万円の価値にするかは自分次第なのです」と伝えます。
「これらは全て皆さんに立派な大人になってほしいから税金というお金で出してもらっているのです」と締めくくります。

図2

```
    1年
 約80万円
```

図3

```
 1日    約3500円
 1時間  約600円
```

語りのステップ ③ のポイント

「勉強しないのは、人に迷惑をかけないから自由です！
と言うのはおかしいですし、そういう権利はありません。
毎日勉強して、少しずつ賢くなり立派な大人になるのです。
こうしている間も見ず知らずの人がせっせと働き、皆さんの未来のために少しずつ税金を出してくれているのですから」と締めくくります。

 教科書の記載を紹介する

教科書の裏表紙にある「この教科書は税金で無償で支給されています」を読み聞かせるのも有効です。記載されていない教科書もあります。

第5章

仲間の絆を深める編

38　会話がうまくいかず けんかになってしまう子への語り

―黄金水と泥水の入る心のバケツ―

語りのステップ

① 「現状把握」：教室で口喧嘩をする子がいることを伝える
② 「心に響く語り」：黄金水、泥水の語りをする
③ 「未来を選択させる」：それは「泥水だよ」と伝え合うようにする

教室で口喧嘩をする子がいることを伝える

「口喧嘩ばかりする人、いつも笑顔で会話する人がいます。この差は何だろう？」

黄金水、泥水の語りをする

黄金水と泥水の語りは右ページのステップ2に。

「もしも、ありがとうと言われ続けて黄金水がバケツいっぱいになったらどうなりますか。

「あふれます。」

「あふれたら友だちの黄金水のバケツに入ります。ありがとう！と言われれば、あなたの満杯の黄金水から溢れて友だちのバケツに入ります。あなたは、どういたしまして！と言うでしょう。こうして友だちにも黄金水をかけてあげたのです。逆に、ふざけんな！と言われたら、あなたのバケツに泥水を入れられたことになります。あなたも、自分だって！と返すでしょ。こうして泥水を入れます。こうなるとお互いの心のバケツに泥水を入れあいます。これがけんかの正体です。」

それは「泥水だよ」と伝え合うようにする

「次の休み時間からは黄金水をかけ合おうよ」

指導のポイント

口論の様子を視覚化する

黒板に図のような絵を描いて、視覚的に伝わるようにします。

語りのステップ ① のポイント

いつもニコニコ友だちと仲良くしている子に「どうしてあなたはいつも友だちといる時ニコニコしているの？」と聞くこともできます。

照れて答えられない時は「今の表情もニコニコだよ」と伝えます。

図1

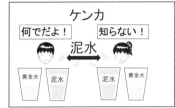

語りのステップ ② のポイント

【黄金水の語り】

> 人は心に2つのバケツを持っています。
> 黄金水と泥水の入ったバケツです。
> 友だちに対して言ったこと、やったことによって黄金水や泥水が増えたり減ったりします。
> 黄金水が多いと明るく楽しくなります。
> 泥水が多いと暗くなり落ち込みます。黄金水は友だちから褒めてもらったり、ありがとうと言われたりすると増えます。
> 泥水は友だちから、嫌なことを言われたりすると増えます。

この語りの後に「ありがとうと言われ続けて黄金水がバケツいっぱいになったらどうなりますか」と聞きます。

図2

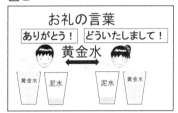

語りのステップ ③ のポイント

【子ども同士で声かけ合う】

> もし、もめ事している子がいたらさ、
> 「ほら、泥水かけあってるよ！さっき先生が言ってたでしょ！」って声を掛け合ってほしい。
> そうやって皆で良い教室にしていこう！

> 図のようにパワーポイントで作成すると視覚的にわかりやすくなります。
> 図1は、お互いに嫌な言葉をかけ合うことを泥水をかけ合う様子に。
> 図2はお礼の言葉をかけ合うことを黄金水をかけ合う様子に。
> それぞれ例えています。

 ### 教師がコメントする

「どうぞ」「ありがとう」を見かけたら、「黄金水をかけ合っているね」と伝えることで語りを強化できます。

39 どんよりした班の話し合いを変える①

⏱ 指導時間の目安 **30分**

―よい話し合いで飛び交う言葉は何だろう？―

語りのステップ

① 「現状把握」：楽しそうな班と暗い班があることを伝える
② 「心に響く語り」：よい話し合いで飛び交う言葉を考えてもらう
③ 「未来を選択させる」：自分たちで話し合いの雰囲気を作るようにしてもらう

楽しそうな班と暗い班があることを伝える

「話し合いには、よい話し合いと悪い話し合いがあります。悪い話し合いには、そんなの無理だよ！とマイナスな言葉が飛び交います。時間になってもアイデアが出ずに、どうするんだよ！とマイナスな言葉で終わってしまいます」

よい話し合いで飛び交う言葉を考えてもらう

「それではよい話し合いでは、どんな言葉が飛び交うかな？」

「それも面白いね」

「素敵なアイデアだね」

「楽しそうな班からは、話し合いの時間が終わっても、もっと話し合いたかったという声が聞こえてきます」

自分たちで話し合いの雰囲気を作るようにしてもらう

「これから班で話し合ってもらい、雨の業間休みの過ごし方のアイデアを出してもらいます。先生が見ているのは、班で飛び交う言葉のレベルです。それでは話し合いスタート！」

指導のポイント

雨の業間休みの過ごし方のアイデアを協力して出す

よい話し合いのイメージを持った後は実際に話し合いの場面を作ります。雨の業間休みの過ごし方を班でたくさん出すのです。ポイントは他の班と比較しないことです。「一人で思いつくアイデアは少ないけど班で協力したからたくさんでたんだね。言葉かけもよかったよ」と伝えます。

語りのステップ ① のポイント

話し合いのイメージを短い言葉で視覚化するとよいです。
「悪い話し合いの中でよく出る言葉に『無理だよ』があります。他に悪い話し合いで登場する言葉ってどんなのがある？」教師が板書していきます。

板書　左半分

```
悪い話し合いでよく出る言葉

意味なくない？
そんなの無理だよ
はあ？何言ってるの？

言われてどう思う？

もう発言したくなくなる
```

語りのステップ ② のポイント

同様によい話し合いのイメージを視覚化します。
「逆によい話し合いの中に出てくる言葉には何がある？
もっと発言したくなる言葉です」
これも板書します。

> 「頷く」「笑顔」「ジェスチャー」などの非言語の反応もあることを伝えると、よい話し合いのバリエーションが広がります。

板書　右半分

```
よい話し合いでよく出る言葉

それいいね
ナイスアイデア
なるほど

言われてどう思う？

もっと発言したくなる
```

語りのステップ ③ のポイント

よい話し合いのイメージをもったら班で協力してもらいます。

> 雨の日の業間休みの過ごし方のアイデアをたくさん出そう　　　　　　　　　　　　　制限時間５分

「本を読む」「絵を描く」など教師がいくつか例を出した後に班で協力して話し合ってもらいます。B4の紙を渡して、どんどん書いていきます。
「一人のアイデアは限界があるけど力を合わせるとたくさん出るね」と伝えると説得力が増します。

> さらに
> 「アイデアを出し合っている時、言われて嬉しかった言葉はなかった？」
> と聞くことで、
> 教室をあたたかい雰囲気にすることができます。

よい話し合いのイメージを視覚化する

よい話し合い→「それもいいね」「ナイスアイデア」「面白い」など、板書することで子どもはその言葉遣いを真似するようになります。

40 どんよりした班の話し合いを変える②

⏱ 指導時間の目安 **10分**

―話し合いの温度の語り―

語りのステップ

① 「現状把握」：楽しそうな班と暗い班があることを伝える
② 「心に響く語り」：話し合いの温度の語り
③ 「未来を選択させる」：話し合いの時間を延長する

楽しそうな班と暗い班があることを伝える

「班での話し合いの様子を見ていて気になったことがあります。楽しそうに話し合っている班と、会話がほとんどなく暗い班があるのです。」

話し合いの温度の語り

「話し合いにも温度があります。明るく何でも意見を言う人がいると班全体が明るくなります。話し合いの温度が高くなるのです。逆に話し合いの温度が低い人が一人でもいると暗い雰囲気になります。話し合いの温度を低くする言葉って何かな？」

「そんなのいいよ」

「それ意味ないでしょ」

「そのような言葉が班の話し合いの温度を下げるのです。熱い湯の中にいきなり氷を入れて、話の温度を下げてしまうのです。そうではなく一緒に熱くなり温度を上げるのです。そうやって話し合いをよいものにするのです」

話し合いの時間を延長する

「あと３分ほど話し合いの時間を延長します。どの班の温度が高いか見ています。それでは話し合いの続きを始めます。」

指導のポイント

温度が高い話し合いをしよう！

話し合いと温度を結びつけた語りによって、次から「温度を高く！」「5班が一番話し合いの温度が高い！」と短い言葉かけをすることができます。そのための語りです。

語りのステップ ① のポイント

話し合いが一区切りしたところで全体に語ります。

語りのステップ ② のポイント

話し合いを温度に例える場面です。
語りの後に
「この教室で話し合いの温度を上げている人は誰？」と問うこともできます（逆は聞きません）。さらに「どのようにして温度を上げているの？」と聞くことで、温度を上げるコツを子どもの言葉で引き出すことができます。

高い	低い
ポカポカ	ブルブル
フワフワ	ギスギス
ニコニコ	イライラ
のようにオノマトペで話し合いを表現することもできます。

図1　温度が低い話し合い

図2　温度が高い話し合い

語りのステップ ③ のポイント

話し合いの様子を見ながら教師が

「一班は盛り上がっているね。温度が高い！」

と褒めることができます。
この語りによって「温度が高い」「温度が低い」と短い言葉かけをすることができるようになります。

図のようにパワーポイントで作成すると視覚的にわかりやすくなります。
図1は温度が低い話し合い
図2は温度が高い話し合い
子どもの表情はGoogleで「いらすとや」にある子どもの顔をダウンロードすることができます。

教師が実況中継をする！

教師は教室の様子を見ながら
「1班は笑顔で話し合っている。温度が高いなあ」
「2班は顔を寄せ合っている！本当に温度が高くなりそうだ！」
などと話し合いの邪魔にならない程度に実況中継すると子どもはより燃えます。

41 学力をひけらかす子への「優秀」の語り

⏱ 指導時間の目安 **5分**

―本当の優秀とは優しさに秀でること―

語りのステップ

① 「現状把握」：学力を自慢する子がいる場面を知る
② 「心に響く語り」：「優秀」の本当の意味を語る
③ 「未来を選択させる」：「優秀」な振る舞いをするように伝える

学力を自慢する子がいる場面を知る

👦「先生、Aさんがテストの点数を自慢してきます」

「優秀」の本当の意味を語る

黒板に「優秀」と書く。

👦「優秀って、どんな意味だと思う？」

👧「頭がいいこと」 　👦「何でもできること」

👦「これからの時代は優秀の意味が変わってきます。人間力がある人が優秀と評価される時代になります。今ある仕事の多くがコンピュータにとって変わる時代が来ると言われています。これからはコンピュータにできないことで活躍することが求められます。

だから優秀とは『優しさ』に『秀でる人』なのです。教室では間違った発言をした時に笑顔でフォローしてくれる人こそ求められる優秀な人なのです。

「優秀」な振る舞いをするように伝える

👦「これからテスト直しをします。わからない人は友達に聞いてもよいです。本当の意味で優秀な人が一緒に悩んでくれます」

指導のポイント

優しく手伝う子が増える語り

「ミニ先生」といって、課題を早く終えた子に困っている子を教えてあげる役割があります。この役割に「優秀」という価値を加える語りです。

語りのステップ ① のポイント

テストの点をバカにされた子には「大丈夫だよ。点数は他人と比べるものではないから。次、努力すればいいだけだからね」と受けてあげるとよいです。
その後に全体に「優秀」の語りをします。

図1

優秀

語りのステップ ② のポイント

語りの後に

> A　テストの点がいい
> 「こんな簡単なのができないの？」と周りに言う人
> B　テストの点がいい
> 「ここはこうするといいよ」と優しく教える人
> どちらと友だちでいたいかな？

と聞くのも効果的です。

図2

優秀 しさにでる人

「困った時に手伝ってあげる優秀な人は、いつか自分が困った時に手伝ってもらえます」と伝えるのもよいです。

語りのステップ ③ のポイント

テスト直しの場面だけでなく
1　算数の問題で悩んでいる子
2　リコーダーの指使いで悩む子
3　家庭科の裁縫で悩んでいる子
など優しく教える場面は多くあります。
このような場面で教えてあげる子に
「手伝ってあげてありがとうね。本当の意味で優秀だね」
と声をかけてあげることができます。

図1のように板書してから語ります。
図2のように付け足すと説得力がでます。

 こんな伝え方も！

「どれだけテストの点数を自慢しても、友だちから慕われている人には敵わないよ。せっかく努力して身につけた勉強の力です。周りの人の役に立つように使おう。これこそ本当に優秀な人です」

42 なぜ苦手な人とも 関わらなければいけないの？

⏱ 指導時間の目安 **10分**

―大阪城の石垣の語り―

語りのステップ

① 「現状把握」：友だち関係で悩む人がいるのを知る
② 「心に響く語り」：大阪城の石垣の語りをする
③ 「未来を選択させる」：自分の性格を深く知るために様々な人と関わると伝える

▌▌ 友だち関係で悩む人がいるのを知る ▌▌

 「何で苦手な人とも関わらなければいけないの？」

 「何でって…。そんなこと言わない方が…」

▌▌ 大阪城の石垣の語りをする ▌▌

 「教室には自分と気の合う人もいれば、合わない人もいます。それは悪いことじゃないよ。ただ、気の合わない人のことを口に出して言うのはよくないね。大阪城の石垣を見てごらん。石の大きさを見て何か気づかないかな」

 「石の大きさがバラバラ」

 「大きい石、小さい石が隙間なく詰まっているね。気が合う人が大きな石、合わない人が小石としよう。もし小石がなくなったら石垣はどうなるかな？」

 「崩れます！」

▌ 自分の性格を深く知るために様々な人と関わると伝える ▌

 「教室も同じだよ。気の合う人、苦手な人、いろいろな性格の人が支えあって○年○組がある。いろいろな人と関わる中で自分のことをもっとよく知ることができる。その関わり方を学んでいる最中なんだよ」

指導のポイント

身近な将来と結びつける

これからクラブチームに入る子、中学で部活に入ろうと考えている子に向けて「自分の好きな人とプレーできるとは限らないよ。いろいろな人がいて考え方も違う、性格も違う、そういう人とも協力して何か一つのことを成し遂げる時が必ず来るから。そのために今からいろいろな人と関わることが大切だね」と伝えられます。

語りのステップ ① のポイント

「どうして苦手な人とも関わるの？」といった質問は友だちに質問したり、時には教師に向けて質問する場合もあります。

また、日記で質問してくる場合もあります。いつでも語れるように準備しておきたいです。

語りのステップ ② のポイント

石垣の画像やイラストを黒板に提示すると視覚的にわかりやすいです。

また、教師がチョークで石垣を描きながら「これは何だと思う？」と聞くこともできます。

> この石垣の石の大きさに、いろいろな人と関わる大切さの秘密があります。何だと思いますか？

と問うこともできます。

語りのステップ ③ のポイント

> ひょっとするとあなたには気が合う人と見えても、その相手が同じことを思っているかはわからない。逆にあなたには苦手だと思う人も相手は気が合うと思っているかもしれない。今、気が合うと思う人も日が経てば苦手に変わるかもしれないし、苦手だと思う人も日が経てば気が合う人に変わるかもしれない。今のうちにいろいろな人と関わることで自分という性格がわかってくるよ。

という伝え方もできます。

気が合わない人もいる。それを口に出すのはよくない！

「すぐに口に出す人は幼い、大人は思っても言わない」、「思うのは自由、言うのは暴力」等のように全体に伝えることもあります。

もめごとが耐えない2人には

> お互いに心から気が合わず、何か一緒に活動すると口論やもめごとになってしまう場合もあります。
> 高学年の場合、お互いに距離を取るのも選択肢の一つだよとアドバイスをすることもあります。
> いつもと違っていったん離れてみる。
> 無視をするということではなくて、教室で会えば挨拶する関係で、今までと違って少し距離をとる関係です。

43　友だちに漢字1文字のプレゼント

指導時間の目安 **15分**

—教室をあたたかい雰囲気にする実践—

語りのステップ

① 「現状把握」：天気を漢字1文字で表現してもらう
② 「心に響く語り」：今日の気分、学級の雰囲気を漢字1文字で表現
③ 「未来を選択させる」：隣の席の子を漢字1文字で表現してもらう

天気を漢字1文字で表現してもらう

「今日の天気は何？」　「晴れ！」

「晴」と板書

「空の様子を漢字1文字で表現できるね。これから○○を漢字1文字で表すと！をやります」

今日の気分、学級の雰囲気を漢字1文字で表現

「今日の気分を漢字1文字で表現します。言える人いるかな？」

「『暗』です。」

「どうして？」

このようなやりとりを数名続けます。

「この学級を1文字で表現します。できる人？」

「仲良しの『仲』です」

「素敵です。どうして？」

隣の席の子を漢字1文字で表現してもらう

「少し難しい問題を出します。でも、これができる人は思いやりのある心豊かな人です。さて、次のお題は…席が隣の人を漢字1文字で表現します。それをプレゼントしましょう。プレゼントなのでもらって嬉しい漢字です」

指導のポイント

11月以降の学級が安定した時期に

４月はお互いよく知らないので11月以降、学級が安定し仲がよい状態で実践することをお勧めします。書いた漢字は掲示できます。学級通信で保護者に伝えることもできます。

語りのステップ①のポイント

「今日の天気を漢字１文字で」「今日の気分を漢字１文字で」「クラスを漢字１文字で」「家族を漢字１文字で」など、様々なことを漢字で表現してもらうとイメージ湧きます。

語りのステップ②のポイント

「この学級を１文字にできる？」の場面で、「暗」などマイナスな発言をする子がいたら
「あなたがその雰囲気を変えるように行動しようね」
「あなたの発言がクラスをそうさせていますよ」
など軽く返します。
マイナス発言をスルーすると「あのような意見もいいのか！」と子どもが誤学習してしまいます。

語りのステップ③のポイント

隣の席の子に伝える活動が難しい場合は、「誰か自分のことを漢字１文字にできる人いる？」と聞くのも手です。「暗」「怖」などマイナスになるような漢字を出したら、教師が「自分ではそう思っているかもしれないけど、そんなことないよ」などフォローします。
他にも「誰かクラスの友達を漢字１文字に表現できる人？」と問うのも有効です。いくつか発表してもらった後に「隣の人に漢字１文字のプレゼントをしよう」と投げかけることができます。

図1

```
となりの[      ]さんへ

あなたを
漢字1文字でたとえると [      ] です。

理由は [                    ]

              となりの[      ]より
```

図2

```
【3学期の目標を漢字一文字で】

3学期の目標を
漢字1文字でたとえると [      ] です。

理由 [                    ]

          名前 [          ]
```

時間にゆとりがある時は図1のような簡単なカードを作成して穴埋め形式で書いてもらうこともできます。
隣の人だけでなく、班のメンバーに向けて書くこともできます。

また図2のように学期の目標として漢字１文字にするのも可能です。カードを掲示することもできます。

 ### 漢字が苦手でなかなか書けない子には

教師がいくつか板書するのも有効です。「明」「優」「協」などを書き、「この教室で優しい人は？」「それはどうして？」などと聞きます。隣の人は３つの漢字にどれが近い？この３つ以外の漢字がふさわしいならそれを書こうと投げかけることもできます。

44　2人組の時に男女でペアになる語り

⏱ 指導時間の目安 **10分**

―学級目標にあるワードを引用する―

語りのステップ

① 「現状把握」：まずは自由に2人組を作る
② 「心に響く語り」：学級目標の言葉を引用して男女でペアを組む意味を伝える
③ 「未来を選択させる」：再度同じ活動を入れ褒める

まずは自由に2人組を作る

「2人組を作ったらその場にしゃがみます」

次々とペアができあがり、最後に残った男女で仕方なくしゃがむ場面があるのが自然です。

学級目標の言葉を引用して男女でペアを組む意味を伝える

「確認します。ペアになれた人？OK！さらに質問します！
男女がペアになってしゃがんでいるところ？」

「学級目標に『仲良く』という言葉がありますね。手を上げたペアは学級目標を行動で示しています。男女仲が良いのが目標です。男子とだけ仲良くする、女子とだけ仲良くするのはいけないと話しました」

再度同じ活動を入れ褒める

「全員立ちます。もう一度、2人組を作ります。ペアになったら座ります。2回目なので10秒以内で。どうぞ！」

先程より男女ペアが増えます。

「先ほどより男女のペアが増えましたね！またやりますので、素早く男女でペアになろう」

完璧を求めず、男女ペアをゆるく増やしていく

チームを組むときに「えー、○○と同じかよ」と口に出さないまでも雰囲気で示す子を出さないための第一歩です。誰とでもペアになれるようにするために4月の授業開きでゲーム感覚でやるとよいです。完璧を求めずにゆるく男女のペアが増えればといったイメージがよいです。

語りのステップ ① のポイント

学級の人数にもよりますが、2人組を作らせると男女それぞれ1名残る場合があります。

4月の学級開きでは、残った男子と女子が仕方なく組むこともあります。逆にそのペアをヒーローにします。そのために最後までなかなかペアになれない子を見ておきます。

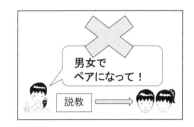

語りのステップ ② のポイント

第一段階はペアになれた人を労います。「さらに」と付け加えて男女ペアを労います。その後に理由を語ります。

第二段階は「学級目標」と「男女ペア」になることを結びつける場面です。

事前に学級目標の言葉に「仲良く」「明るい」「協力」など男女ペアと結びつくようなキーワードがないか考えておきます。それを引用して「男女が協力できるとよりよい人間関係につながります」などと語ります。そして「皆で決めた学級目標だからさ！皆で守ろうね！」と締めくくります。

語りのステップ ③ のポイント

全員が2人組を作るのを待ちません。「ペアを組みます」と指示を出し、様子を見ながら「3秒前！2、1」とカウントダウンしてすぐに「そこまでです！その場に座ります」と伝えます。全員がしゃがんだ状態で男女ペアになったかを確認します。

4月の体育の授業の導入で何度か入れるとよいです。回数を重ねるほど素早くペアになります。

 一度に全員男女のペアを求めない

一回の授業でパーフェクトを目指す必要はありません。また完璧さも求めません。男女がペアになる状態をゆるく作るイメージで充分です。少しずつ多くのペアが男女になる状態を目指します。3月の終わりまでに男女ペアが少しでも増えていればそれで充分です。

45 相手へのヤジをやめさせる語り

🕐 指導時間の目安 **5分**

―イチローの相手選手への考え方を伝える―

語りのステップ

① 「現状把握」：人のミスを喜ぶ現状を伝える
② 「心に響く語り」：イチローの「頑張れ！」の語りをする
③ 「未来を選択させる」：相手の失敗を願う選手にならないように伝える

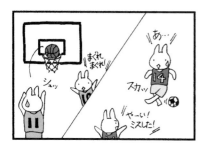

人のミスを喜ぶ現状を伝える

「最近、体育のゲームで相手チームがミスをした時に喜ぶ人がいます。ミスをすれば自分のチームが勝てるからでしょう。一流の選手は全く逆です」

イチローの「頑張れ！」の語りをする

野球のバッターが打った後、ベースに走る時守備に「ミスしろ」と願うそうです。けれどイチローは違うみたいです。何て思いながら走ると思う？

教室にもどって…

逆だから「とれ」かな？

「野球のバッターが打った後、ベースに走るとき、守備側に『ミスしてくれたらなあ』と願うそうです。けれどイチローは全く違うことを思うそうです。何て思いながらベースに走ると思う？」

「捕らなかったらラッキー」

「相手に頑張れ！と思って走るそうです。ボールを打った後のことは自分にはどうすることもできないからです」

「頑張れ！」と思って走るそうです。敵にですよ。打った後のことは自分にはどうにもできない。アウトになると思ったら守備を抜けてヒットになったらプラスに思えると。

へ──！！

相手の失敗を願う選手にならないように伝える

「捕るな！と思ってガッカリするよりも、頑張れ！と願えば相手が捕っても心は落ち着きます。何より相手の失敗を願うようなスポーツマンになりたくないと思っているはずだよ。体育のゲームで相手チームがミスをした時に喜ぶような人でなく、ドンマイ！と逆に声をかける選手であってほしいな」

何より相手の失敗を願うようなスポーツマンになりたくないと思っているんだろうね。体育でも相手のミスを願うのではなく、ドンマイ！と逆に声をかける人であってほしいな！

なるほど！

個別指導より全体に語る

ヤジを飛ばす子にその場で個別指導する方法もあります。子どもにもよりますが場合によってはふてくされてもっとヤジを飛ばす場合もあります。全体に語ることで周りの子がヤジを飛ばすのを防ぐのが目的です。

＊イチローは「頑張れ！」ではなく「捕れ！」と願うそうですが小学生向けに分かりやすい表現に変えました。

語りのステップ ① のポイント

誰がヤジを飛ばしているか名前を出さずに集合した場面で全体に語るとよいです。

語りのステップ ② のポイント

イチローと似た語りもあります。

> タイガーウッズという世界中で有名なプロゴルファーがいます。世界大会でのことです。相手選手があと1回打つ場面です。相手がパッドを外すとタイガーウッズが優勝となる場面です。さあ、相手がいよいよ打ちます。あなたがタイガーウッズなら、この時相手に対してどんな気持ちを持つでしょうか。

子どもに予想を発表してもらった後、

> タイガーウッズは『入れてくれ！』『外すなよ！』と心の中で願うのだそうです。なぜ、このようなことを願うのでしょうか。この大事な場面でパッドを外すような選手と自分は優勝争いをしているのではない。ここできっちりパッドを沈めるような選手と自分は優勝争いをしているのだ。そして人の不幸を願うような自分でありたくない。このような考え方です。

語りのステップ ③ のポイント

語りの後の教師は、子どもの「声かけ」を中心に試合を見ます。試合が終わり集合したら「ドンマイって声をかけた人？」「相手チームに優しい声かけをした人？」
など挙手してもらい、「さっきよりも、よい雰囲気で試合ができたね」と全体をよい方向へ引っ張ります。

学級経営とも結びつけられます。
例えば以下のような場面です。
1 友達の100点を褒める
2 大縄で引っかかった友だちにドンマイと声をかける
3 間違った意見を馬鹿にしないで耳を傾ける

46 体育で「さっきはごめんね」と素直に謝る語り

指導時間の目安 **5分**

―ゲームでのミスを責める子に―

語りのステップ

① 「現状把握」：仲間のミスを責める場面があることを思い出してもらう
② 「心に響く語り」：一人のミスは全体のミスである語りをする
③ 「未来を選択させる」：「ごめんなさい」で気持ちをリセットする時間を作る

‖ 仲間のミスを責める場面があることを思い出してもらう ‖

 「仲間のミスを責めているチームがありました。自分が言われて嫌な言葉を実際に言われた、もしくは聞いたことがある人は手をあげて！」

‖ 一人のミスは全体のミスである語りをする ‖

 「仲間の失敗をカバーできないのは本当のチームじゃない。どうして失敗したかという一人への追求より、どうしてカバーできなかったのかというチームが問題なのです。一人が自分のミスと落ち込んでいるようでは本当のチームとは言えないよ。一人のミスはみんなのミス」

‖ 「ごめんなさい」で気持ちをリセットする時間を作る ‖

 「あと1分したら次のゲームを始めます。もし、これまで嫌なことを少しでも言ってしまったと思う人がいたら素直に謝りましょう。マイナスな行動は謝ればゼロになります。そして次のゲームで『ドンマイ！』って声かけすればプラスになります。それでは1分間、チームで集まります！」

体育の授業で学級経営

ミスしたら相手を責める場面があります。中には泣いてしまう子もいます。この状態を次の授業に引きずるのは避けたいです。「ごめんね」のひと言を伝えリセットするための語りです。

語りのステップ ① のポイント

手をあげてもらうことで他人ごとではなく自分ごととして受けてもらう場面です。
「周りを見てごらん。こんなに手をあげているよ。手を挙げる人がいるということは、責めていた人がいたということですね」と説得力を持たせられます。

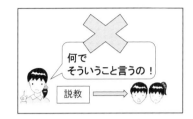

語りのステップ ② のポイント

> このスポーツは個人戦ではありません。
> ５人が力を合わせて得点を目指すスポーツです。
> 一人のミスはチームのミス。誰も責めることはできません。
> チームはミスをカバーし合うものです。

このような伝え方もあります。

語りのステップ ③ のポイント

「全員立ちます。少しでも相手に悪いことしたかなあと思う人はその人に謝りに行きます。したことはマイナスです。謝ることでゼロにできます」
「ではスタート！」このように伝えて１分ほど時間をとります。
もう一度集合したら謝ることができた人？と聞きます。
また、謝る雰囲気ではない場合は「次から言わない」と伝えるのもよいです。

素直に謝ったら労いましょう！

「自分の悪いところを認めてゴメンねが言える、マイナスをゼロにしました。とても素直でよいことです。次の試合が楽しみです」
のように謝った子のフォローも大切にしたいです。

47 片付けが雑になる時の語り

⏱ 指導時間の目安 **5分**

―コートの外が雑だと中の試合も雑になる―

語りのステップ

① 「現状把握」：雑な片づけの場面を取り上げて感想を言ってもらう
② 「心に響く語り」：片づけの語りをする
③ 「未来を選択させる」：やり直しをして「次からもこのようにしよう」と伝える

‖ 雑な片づけの場面を取り上げて感想を言ってもらう ‖

「あそこ（ぐちゃぐちゃなゼッケンなど）を見て。感想を言って！」

「ぐちゃぐちゃです」

「だらしないです。」

‖ 片づけの語りをする ‖

「脱いだものが放り投げられてぐちゃぐちゃです。コートの外がグチャグチャなら、コートの中の試合もグチャグチャになるはずです」

‖ やり直しをして「次からもこのようにしよう」と伝える ‖

「綺麗にたたんで来たらもう一度集合します」

「見てごらん。さっきと比べてどうですか」

「美しいです」

「さらにカラーコーンが倒れていたのを直した人もいました。周りを見ることができるから体育の試合も周りを見て動くことができるのですね。見た目が美しいと試合も美しくなります。勝負の時だけこだわるのではなく、このようなところこそ、こだわるのです」

💡 指導のポイント

４月の最初に片付けのイメージをもってもらう

前の時間に片づけられたゼッケンや道具などの状態を見てもらいます。「皆さんも体育が終わったらこのような状態になるように片づけます」と指導しておきます。それでも漫画のように片付けが雑になった時の語りです。

🗨 語りのステップ ① のポイント

子どもに現場の状態を見てもらう場面です。
「最初に脱いだゼッケンはどうなっていましたか？カラーコーンはどうなっていましたか？」
教師が指摘して気づいてもらう方法もあります。慣れてきたら「コートはどうなっていますか？」と、子どもたちに気づいてもらう方法もあります。

🗨 語りのステップ ② のポイント

> 道具を大切にできる人は仲間も大切にできます。
> 道具を大切にできない人は仲間も大切にできません。
> 全ては繋がっているのです。

このように語ることもできます。

🗨 語りのステップ ③ のポイント

片付け完了後に校庭を見渡してもらいます。
「どう？さっきよりも美しいでしょう。片付けこそ美しくしよう」と労います。

片づけの時間を確保するために早めに授業を終えるのが大切です。

「来た時よりも美しく。次使う人のことまで考えて片付けようね！」と語ります。

こんな語りも！

> 準備や片付けの時に性格が表れます。
> 皆が準備や片付けに汗を流す時に、上手にサボる人を見ると先生は
> 「ああ、この人はラクをしたいと思う人だ！」
> って思います。
> 体育のゴールはよい人間に成長すること。
> 準備や片付けこそ真剣にやろうよ。

👤 事前の指導があるから子どもは納得する

片づけられた状態を子どもに見てもらうことで、片付けのイメージできます。逆に前の時間の授業の片付けがグチャグチャならば「次の時間の人のことを考えてもっと綺麗に片付けようよ。私たちは！」と前向きに語ります。

48 ダラダラした集合を
数秒に変える語り

⏱ 指導時間の目安 **5分**

―集合が早いとこんなにいいことがあるのか！―

語りのステップ

① 「現状把握」：集合にどれくらい時間がかかったか予想してもらう
② 「心に響く語り」：集合が早いとどんなよいことがあるか
③ 「未来を選択させる」：もう一度集合の場面を作り、短くなったことを褒める

‖ 集合にどれくらい時間がかかったか予想してもらう ‖

「集合！」

全員集まったら

「先生が集合と言ってから全員がこのように集まるまでにかかった時間はどれくらいだと思う？」

「1分」　「30秒ぐらい」

「50秒ぐらいかかっています」

‖ 集合が早いとどんなよいことがあるか ‖

「集合が早いとよいことがたくさんあるよ。どんなよいことがあるかな？」

「ゲームがたくさんできる」

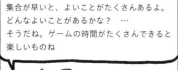

「作戦タイムの時間が増える」

「集合が遅いとゲームの時間が短くなる、作戦タイムの時間が取れなくなるなどよいこと一つもないね」

‖ もう一度集合の場面を作り、短くなったことを褒める ‖

「だから集合が早いとたくさん運動ができます。もう一度集合しますね。さっきよりまずは5秒短くしよう！それではいくよ！」

集合が早いと○○も早くなる！

「集合が早いと試合の準備も早くなるよ」と伝えてから準備を始めます。子どもはサッと動きます。「集合が早いので試合の時間を30秒プラスします」と伝えると喜びます。

語りのステップ ① のポイント

語りの後にもう一度、集合する場面を作ります。
いかに語る前の集合が遅いか、子どもの集合する様子を見ます。
1　喋りながら集まる
2　歩きながら集まる
3　道具運びをなすりつけながら集まる
なぜ集合が遅いか語るために遅い理由を見ておきます。

語りのステップ ② のポイント

「集合を早くするためにはどうしたらよいか」
を考えてもらうのも有効です。
1　声をかけ合う
2　ダッシュで戻る
3　喋らない
など、子どもなりのアイデアが出されます。
「それもある！」と受け止めて「そのために集合を○秒で！」と目標を定めることもできます。

語りのステップ ③ のポイント

語った後はビフォーアフターをすると子どものやる気が高まります。実際に試合した場所まで戻ってもらってから集合をかけます。

「さっきよりも○秒は短くなったよ。できることは最初からやろう！」と促すこともできます。

 さらに学級経営と結びつける！

集合が早いクラスは、1授業の準備も早い　2帰りの支度も早い　3給食の準備も早い
と結びつけることもできます。

49 体育のゲームで負けて ふてくされる子への語り

⏱ 指導時間の目安 **5分**

―スポーツのゴールはよい人間に成長すること―

語りのステップ

① 「現状把握」：負けた結果にふてくされる子を見る
② 「心に響く語り」：結果にはこだわらない語りをする
③ 「未来を選択させる」：次、負けたチームがとる態度を見ることを伝える

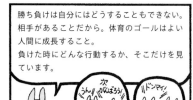

‖ 負けた結果にふてくされる子を見る ‖

試合終了の合図で負けが決まった時、ふてくされる子がいます。個人的に指導する場合もありますが、個人が特定されないようにまずは全体に語ります。

 「集合！」（全員集まったら）

 「体育のゴールはよい人間に成長することです。

負けて悔しいってことは勝ちたいという気持ちの表れだとは思います。そこは前向きでよいです。」

‖ 結果にはこだわらない語りをする ‖

 「勝負にこだわるのはすごくいい。けれど結果にはこだわらない方がいいよ。勝ったか負けたか、その考え方は少し違います。勝ち負けは、自分ではどうすることもできないよ。仲間がいて相手がいるからね」

‖ 次、負けたチームがとる態度を見ることを伝える ‖

 「体育のゴールはよい人間に成長すること。負けた結果になった時にどのような行動をするか！そこだけを先生は見ています」

指導のポイント

試合で勝つとお金をもらえるのですか？

「体育のゴールはよい人間に成長すること」を体育の核にすると学級経営の視点で指導しやすくなります。「負けてイライラする人がいるけど試合に勝つと何かお金がもらえるのですか？もらえませんよね。私たちはスポーツを仕事にしていませんから。体育の目的はよい人間に成長することです」と最初のゲームの単元で伝えておくとよいです。

語りのステップ ① のポイント

子どもにもよりますが、勝負にこだわり負けるとふてくされる子を全体の前で指導すると余計にこじれる場合があります。全体に語るとよいです。

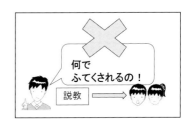

語りのステップ ② のポイント

「体育のゴールはよい人間に成長すること」
これを核にして指導を続けると学級全体に広がりやすいです。
負けてふてくされる子だけに指導すると反発される可能性もあります。ふてくされる子をどうするかというよりは全体に向けて「負けた時どう振る舞うか」語るとよいです。

語りのステップ ③ のポイント

次の試合後に集合した時、全体に聞きます。
「今回負けてしまったチームに聞きます！
負けてもドンマイ！次頑張ろう！のような声かけをした人？」と聞いて手をあげた子に
「素晴らしい！きっと悔しかったかもしれないけど気持ちは前向きだね！拍手！」と労うこともできます。
負けた後の行動を取り上げることで、「先生は負けてもその後の行動がよければ褒めてくれる」と感じる子もいます。

 拍手ができる人に！

人間の性格は負けた時にでます。負けてふてくされる、仲間に八つ当たりにする、負けた原因を他人のせいにする、こう言う人は次も負けます。負けた時に相手に拍手する人、これができる人が多いテームは結果にこだわらない素敵な人です。プロのラグビー選手は試合が終わるとユニフォームを互いに交換します。お互いを称え合っているのです。さすがプロですね。

第6章

学級の雰囲気を上品にする編

50 教室を綺麗にしたくなる語り

⏱ 指導時間の目安 **15分**

―教室を料亭の雰囲気に！―

語りのステップ

① 「現状把握」：料亭の入口の写真を見て気づいたことを発表する
② 「心に響く語り」：料理を見なくても全てが高級なイメージをもつ語り
③ 「未来を選択させる」：教室も料亭の雰囲気にしていこうと語る

高級料亭の入口。打ち水がしてあります。涼しさを演出し、埃が立たないようにしています。

料理の値段はいくらぐらいかな？どんな服装で行く？料亭の入口を見ただけで全てが高級な感じがするね。

この教室は料亭の雰囲気があるかな？ゴミが落ちていないかな？本棚は綺麗に整っているかな？

打ち水には「どうぞお入りください。準備が整っていますよ。」という意味もあります。次は国語だから準備しておこう。「準備バッチリ」って合図になるよ。

料亭の入口の写真を見て気づいたことを発表する

 「料亭の入口です。料亭とは高級料理店です。お店の入り口を見た感想を発表しましょう」

 「お屋敷見たいです」

 「お店の入口の地面を見てごらん。濡れているね。雨でも降ったのかな？」

 「水を撒いたんだ！」

 「打ち水と言って、埃が立つのを防ぎ、涼しさを感じさせる役目もあります」

料理を見なくても全てが高級なイメージをもつ語り

 「料理の値段はいくらぐらいしそうかな？」

 「1万円ぐらいしそう。高そう！」

 「どんな服装で行きますか？」

 「おしゃれな服装！」

 「料理を見なくてもイメージできるね」

教室も料亭の雰囲気をしていこうと語る

 「打ち水には『どうぞお入りください。準備万端です』という意味も込められています。教室も料亭の雰囲気に変えよう！」

打ち水＝次の時間の準備完了

専科の先生が教室に来たときに授業の準備が机上にあると気持ちよく授業に突入できます。その演出を担任の先生がするとよいです。

語りのステップ①のポイント

料亭の入口を見て高級なイメージをもってもらう場面です。料亭の入口の画像を3枚見せて「3つのお店の入口に共通点があるけどわかるかな？」「地面が濡れているけど雨だったのかな？」と聞くとイメージを膨らませやすいです。画像は「料亭　入口　打ち水」で検索するとお目当ての画像が出ると思います。

語りのステップ②のポイント

実際に料理を見なくても値段が高そうだと思ってもらう場面です。
たくさんの質問をして、子どもに「高級」なイメージをもってもらいます。「料理の値段を見なくても高そうだってわかるね。服装もジャージでは行きにくいよね。会話も高級な話になりそう。それが料亭のもつイメージだね」と伝えます。

語りのステップ③のポイント

料亭の話から教室の話にチェンジする場面です。
「打ち水とは、水を撒くことで埃が立つのを防ぐのと、涼しさと清潔感を演出する効果があります。さらに、お客さんに準備が整っていますよ、どうぞお入りくださいという合図にもなるのです。この教室はどうでしょうか。高級料亭の雰囲気でしょうか。ゴミが落ちてないでしょうか。後ろの棚は？1分時間をあげます。教室を高級の料亭の雰囲気に変えよう」と伝えます。

教室に打ち水をすることはできないけど、考え方を真似することはできるよね。
例えば次の時間の準備をしてから休み時間にする。
チャイムが鳴った瞬間にもう準備できていますよ。
いつでも授業始めてください！って行動で示すのも打ち水をしているのと同じですね。

このように語った上で、授業が始まった時に教科書の準備ができている人？と聞いて、打ち水ができているね。机の上が料亭の雰囲気だね！と褒めることができます。

💡 他にもこんな「打ち水」が！

チョークの粉がきれいに掃除されている・チョークを揃えておく・窓を開けて空気の入れ替えをする・黒板がきれいに消されている・流しの排水溝がきれいに掃除されているなど、打ち水は他の人が気持ちよく過ごすためのおもてなしと語ることもできます。

51 下品な笑いを激減させる語り

指導時間の目安 **10分**

―それは上品な笑いですか？―

語りのステップ

① 「現状把握」：友だちの失敗の冷やかしを目撃する
② 「心に響く語り」：上品、下品な笑いの語りをする
③ 「未来を選択させる」：上品と下品のどちらの笑いか意識する

友だちの失敗の冷やかしを目撃する

「笑いには上品な笑いと下品な笑いがあります。下品な笑いとは、一部の人だけが楽しむ笑いです。

例えば友だちの失敗を笑ったり、言われて嫌なことを言って笑いをとったりすることです」

上品、下品な笑いの語りをする

「それでは上品な笑いとはどんな笑いでしょうか」

「友だちを馬鹿にしない笑いです」

「皆が楽しくなる笑い」

「そうです。先生も含めた35人全員が笑えるのが上品な笑いです。上品な笑いは堂々と笑えます。隠し事がないからです」

上品と下品のどちらの笑いか意識する

「品格に中品はありません。上品か下品しかありません。

皆が堂々と笑える上品な教室がいいのか、一部の人だけが笑う暗い教室にしてしまうのか、いつも考えて過ごせるといいですね。

そして下品な笑いを見かけたら、それは下品だよ！と声を掛けて欲しいな。教室が上品な笑いに包まれる雰囲気を皆が作るのです」

上品な笑い①表情　②内容　③声量

下品な笑いの表情は何か陰湿です。下ネタでゲラゲラ笑うのも下品です。休み時間に「キャー！！」という耳を塞ぎたくなる声も不快です。高学年には笑いを「表情・内容・声量」の３つの要素で伝えるのもよいです。また、悪口ばかり言う人は気づかないうちに意地悪な表情になっていると伝えることもできます。

語りのステップ ① のポイント

悪口の場面を目にすることは少ないです。知られないようにこっそり行うからです。子どもから訴えがあったり、直感的に嫌な雰囲気を感じたりしたときに語ると抑止力になります。まずは、個別でなく全体に語ります。

語りのステップ ② のポイント

下品な笑いを語った後に「上品な笑いとは？」子どもに聞く場面です。ここは少し時間をとって考えてもらいたいです。「一部の人だけが笑う」「周りの人を不快にする笑い」と下品な笑いを定義したので、対比的に子どもが考えやすいと思います。「皆が笑える」「聞いている人も楽しい笑い」と引き出した後、「そうだね。皆の考える上品な笑いを教室に届けよう」と伝えます。

語りのステップ ③ のポイント

「下品な笑いの場面に出会ってしまったら、皆で声を掛け合ってほしい。ほら！下品な笑いだよ！などと。友達に直接伝えにくい場合は先生に相談してほしい。それは告げ口ではないよ。クラスをよくするための相談だから」と抑止力につなげます。

こんな語りも！

①悪口ってね、自分に自信がない人がするもの。
②悪口が多い教室、明るい話題が多い教室、この教室はどちらだろう。あなたの口から出るのはどちらかな。
③「○○ってさあ、」と悪口が出たらね、「そんな○○が自分は好きだよ」って言い返せると素敵だね。

 こんな伝え方も！

友だちの失敗を笑うのではなく、自分の失敗を明るく話せる人は周りから好かれやすいです。自分の失敗を笑い話にできる人は前向きです。こんな失敗があったから、さあ次はこうしようと思うんだ！と未来をみるからです。逆に友だちの失敗を話題にする人は過去ばかり見て前を見ることができない人です。周りの人は笑って聞いているように見えるけど、実はこの人は私の失敗を陰で笑っている人だって思われています。

52 信頼されたいと思うようになる語り

⏱ 指導時間の目安 **30分**

―信頼貯金の語り―

語りのステップ

① 「現状把握」：同じ台詞でも先生の印象が変わるのはなぜか
② 「心に響く語り」：信頼貯金の語りをする
③ 「未来を選択させる」：信頼貯金を貯めていこうと投げかける

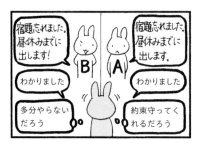

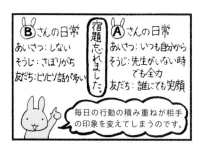

同じ台詞でも先生の印象が変わるのはなぜか

 「Ａさんが『宿題忘れました』と報告です。先生は『わかりました』と答えます。心の中では『約束守ってくれるだろうな』と思います。Ｂさんが『宿題忘れました』と報告です。先生は何て思うかな？」

 「約束を守ってくれるだろうって思います」

 「実は『多分やらないだろう』って思ってしまうのです」

 「ええ！ズルいです！！」

信頼貯金の語りをする

 「２人とも伝えていることは全く同じです。なぜ先生の印象が変わってしまうのでしょうか」

ここで３コマ目のＡさんＢさんの状況を伝えます。

 「人は心に信頼貯金があります。よい行動をすると信頼という貯金が貯まります。逆に嘘をついたり、当番を人任せにして自分は遊んだりしていると信頼という貯金をなくしていくのです。だから日常生活で手を抜くＢさんは信頼という貯金がなくなってしまったのです」

信頼貯金を貯めていこうと投げかける

 「皆さんの信頼貯金はいくらかな。もし信頼なくしたなあと思う人は行動で取り返そう！」

マイナスな行動をプラスに！架空の人物を設定して語ります

子どもは忘れ物の報告を緊張しながらします。叱られたらどうしようと不安だからです。「忘れたのはマイナス。その後の行動を見てるから！マイナスを取り返してプラスに！」と時には伝えたいです。語る時は教室にいない架空の人物にします。

語りのステップ ① のポイント

同じ「宿題忘れました」でも報告する人によって印象が変わってしまう場面です。「なぜ同じことを報告しているのに印象が変わってしまったのかな？」と聞きます。ここは5分ほど時間をとって子どもの意見をたくさん出してもらいたいです。

A さん	①挨拶自分からする	500
	②ゴミに気づくとさりげなく拾う	1000
	③「先生の話」ですにすぐに反応する	500
	④授業で困っている人に優しく教える	1000
	⑤「宿題忘れました」	0

信頼貯金2000

語りのステップ ② のポイント

架空の2人の日常を振り返る場面です。右のようにそれぞれの行動を金額で表すと「貯金」のイメージが湧きやすいです。「挨拶は、いつも自分からする。これは何円ぐらいかな？」と聞いてからすぐに「500円です」と伝えるとよいです。パワーポイントであらかじめ作成しておくと板書するより時間短縮につながります。ポイントは、「宿題を忘れたこと自体は0円」であることです。これまでの日常生活の行動の積み重ねが信頼貯金につながることを伝えます。

B さん	-500	①挨拶できない
	-1000	②ゴミに気づいても通り過ぎるだけ
	-500	③「先生の話」ですにボーッとしている
	-1000	④自分の課題が終わると喋り出す
	0	⑤「宿題忘れました」

-2000信頼貯金

パワーポイントで作成する時、①②…と順番に出るようにアニメーションをかけると子どもが集中して見てくれます。

語りのステップ ③ のポイント

「日常生活を大切にすることが信頼貯金を貯めていく」と伝えるとよいです。子どもが何か忘れ物した時、報告にきます。その時に「自分からよく言えたね。次どうするか見ているから。次の行動で取り返そう！信頼貯金が貯まるよ」と伝えることもできます。

 マイナスな行動をプラスに！

忘れ物、友だちとのトラブルなど私たち教師にとってマイナスな行動は常に起きます。その時に子どもから報告できる環境を作るのも大切です。「よく言えたね。確かに今回のことはマイナスだね。けれど先生は次の行動を見ている。してしまったことは仕方ない。これからプラスな行動をすることでマイナスな行動を消してしまおう。先生が見ているのはこれからだよ」と語りかけます。

53 消しカスをゴミ箱に 捨てるようになる語り

⏱ 指導時間の目安 **10分**

―床に落とした消しカスは誰が掃除するの？―

語りのステップ

① 「現状把握」：消しカスを床に捨てる場面を知る
② 「心に響く語り」：ゴミ箱に捨てる語りをする
③ 「未来を選択させる」：友だちを大切にできることとつなげる

‖ 消しカスを床に捨てる場面を知る ‖

指導しないと消しカスを床に捨てます。

「教室で学習するときのルールを伝えます。消しゴムのカスなのですが、床に払っている人が何人かいるのを見ました」

‖ ゴミ箱に捨てる語りをする ‖

「床の消しカスは誰が掃除するのかな？」

「教室掃除…」

「教室掃除ですね。消しカスを床に捨てるって行為は、友だちに拾えって言っているのと同じことをしているのです」

‖ 友だちを大切にできることとつなげる ‖

「では、消しゴムのカスはどうすればいいと思う？」

「机の端に集めておく」

「休み時間にゴミ箱に捨てる」

「そうですね。ゴミ箱に捨てられる人が、友だちも大切にできる人なのです。これからの行動を見ています」

休み時間にゴミ箱に捨てている子がいたら褒めます。

床に捨てるのは友だちに「拾え！」と言っているのと同じ

子どもは消しゴムのカスを床に捨てることを「悪いこと」とは思っていません。これは自然なことだと思います。教師が語ることで、消しゴムのカスはゴミ箱に捨てる意味を実感できます。

そして手で集めている子を時々「ちゃんと消しカスを集めているね」と褒めてあげることで強化します。新学期の早い時期に語ると子どもは「今度の先生はこういうことを大切にするんだ」と思います。

語りのステップ ① のポイント

実際に教師が教卓の消しゴムのカスを床に払うのを実演すると効果的です。子どもは「なんか変だなあ」と気づきます。「変だなあと思う人？」と挙手する場面を作ります。「何が変だと思う？」と数名に聞きます。

語りのステップ ② のポイント

「床に消しゴムのカスを捨てられると困る人がいます。誰でしょうか」と聞きます。「掃除をする人」「先生」など意見が出るはずです。他にも「もし、街でゴミのポイ捨てをする人を見かけたらどのように思いますか？」と聞いてもよいでしょう。「床に捨てる行動は、友だちに拾え！と命令しているのと同じこと」と語ることで子どもは納得するはずです。

語りのステップ ③ のポイント

教師が先回りして「こうしていこう」と伝えるよりも「どうすればいいかな？」と子どもが意見を出すように促すとよいです。

こんな伝え方も！

> 美しい環境は、ひと手間かかるものです。消しカスをパッと床に落とすのは簡単です。あなたの机はきれいになるかもしれない。その分、皆が使う教室を汚していることになりますね。皆が手で集めてゴミ箱に捨てる。一人の消しカスはほんの少しかもしれない。けれど、こうして35人がゴミ箱に捨てるとかなりの量になるよね。さらに教室掃除の人も楽になるんだ。
> だから皆が少しの手間をかけて美しい教室にしよう。
> あなたのその小さな行動が教室を美しくしてくれます。

 ## 放課後の子どもらしい可愛い光景！

放課後、教室の机を見ます。

時々、消しゴムのカスが端に寄せられたままの状態の机を目にすることがあります。「きっと、ゴミ箱に捨て忘れたんだなあ」と微笑ましく思います。サッと片づけてあげて、翌日、「こんなことがあったよ」と語り、「先生の話を聞いて行動してくれたことがとっても嬉しかったよ。帰る前に、机の端に消しゴムのカスが寄せられたままになっていないか確認できるといいね」と伝えました。

54 紙ゴミをグシャグシャに しなくなる語り

⏱ 指導時間の目安 **15**分

―畳んで捨てよう―

語りのステップ

① 「現状把握」：紙ゴミをグシャグシャにして捨てる場面を知る
② 「心に響く語り」：畳んで捨てる語りをする
③ 「未来を選択させる」：捨て方も上品に！と伝える

紙ゴミをグシャグシャにして捨てる場面を知る

指導しないと紙ゴミをグシャグシャにして捨てます。

「紙ゴミを捨てる時、グシャグシャにして捨てる場面を何度か見ました。もちろんそれでいいのですよ。でも次からは、このように捨てたらどうだろう」

畳んで捨てる語りをする

「紙は命ある木からできています。
その命を誰かが加工して紙にしました。
私たちは紙に印刷された文字を読みます。
紙に文字や計算を書いて賢くなります。
役目を終えた紙に感謝だね。だから畳んで捨てると行動が丁寧です」

実際に教師がやってみせると丁寧さが伝わります。

捨て方も上品に！と伝える

「畳んで捨てる姿は美しくみえます。
上品に見えます。
ぜひ、これからは紙ゴミを捨てるときは畳んで捨てるといいね」

プリントも折ってしまうように、紙ゴミも畳んで捨てる

畳むとゴミ箱もスッキリです。グシャグシャだとゴミ箱はすぐに一杯になってしまいます。これだけで、ゴミ箱のゴミをまとめて捨てに行く回数が減ります。

語りのステップ ① のポイント

教師が実演するとイメージ湧きやすいです。

1　紙ゴミを丸めて少し遠くからからゴミ箱に投げる
2　紙ゴミを丸めてゴミ箱に捨てる

子どもは2の段階で「そう！そう！」と言うかもしれません。そこで、「実はもっと上品な捨て方があります。どんな捨て方だと思う？」と子どもに考えてもらうのもよいです。

語りのステップ ② のポイント

これも実演するとよいです。教師が丁寧に紙を畳んでそっとゴミ箱に入れる様子を子どもは見つめています。さらに数名に実演してもらうとよいです。「友だちの今の畳んで捨てる姿、どうだった？」と聞くと口々に感想を言ってくれます。

語りのステップ ③ のポイント

大切なのは教師が紙ゴミを畳んで捨てることです。その姿を子どもは見ています。教師の上品な姿を子どもは真似したがっています。どんなに説得力ある語りをしても率先垂範に勝るものはないと思います。

こんな伝え方も！

ゴミをグシャグシャに丸めて捨てるのも畳んで捨てるのも、ゴミ箱に捨てる点では一緒。ゴミを床に捨てるよりずっといいです。
丸めて捨てる方が楽なのもわかります。人は誰でも楽な方を選んでしまいがち。先生も人のこと言えないけれど。
皆には「美人」もいいけれど、「美しい人」になってほしい。
美人はお化粧とかお金があれば一瞬でなれます。
美しい人は上品な振る舞い、行動で時間がかかります。
ゴミを畳んで捨てるのは美しい人だと思うよ。

様々な場面で畳む習慣をつける

学校からは毎日のように様々なプリントが配付されます。連絡袋などにプリントをしまう時に半分に折らずにそのままグシャグシャに入れる子もいます。「プリントは折ってしまう」習慣と結びつけて指導するのも効果的です。「家に持ち帰るプリントも角を揃えてきれいに畳むでしょ。紙を捨てるときも同じだよ。役目を終えた紙も畳んで捨てると上品だよね」とマナーにすることができます。

55 両手で受け取ると
自然と感謝のお辞儀になる語り

⏱ 指導時間の目安 **15分**

―受け取る時に自然に頭が下がるマジック！？―

語りのステップ

① 「現状把握」：片手と両手で受け取る時の違いを観察する

② 「心に響く語り」：両手で受け取る意味の語りをする

③ 「未来を選択させる」：友だちを大切にすることにつながると伝える

片手と両手で受け取る時の違いを観察する

役割演技で両手のよさに気づいてもらいます。

👨 「教室を2つに分けます。隣に鉛筆を渡します。受け取る時は片手でね。3・4号車の人は見ています。では渡して！」

鉛筆を渡します。片手で受け取ります。

👨 「次は両手で受け取ります。3・4号車の人はよく見ていて！不思議なことが起きるよ」

次は両手で受け取ります。自然に頭が下がります。

両手で受け取る意味の語りをする

👨 「片手の時と違いますね。どんな違いがあったか、わかるかな？」

👦 「両手の時はお礼を言っていた」

👧 「お辞儀をして受け取った」

👨 「賞状を受け取る時も両手。赤ちゃんを抱っこする時も両手。
友だちから受け取る時も両手だと丁寧だね」

友だちを大切にすることにつながると伝える

👨 「鉛筆を借りたり、本を借りたり、プリントを受け取る時は両手だと上品に見えるよ。そして相手を大切にしていることが気持ちに表れますね」

指導のポイント

率先垂範で日頃から両手で受け取る

鉛筆を貸す場面でお礼も言わず、目も合わさず片手で受け取る場面を見ます。その場で「借りるときは両手で受け取ってありがとうって言うんだよ」と指導することも大切です。教室には多くの子がいるので全体に語るとよいです。

語りのステップ ① のポイント

前半は3・4号車の人は様子を見てもらいます。1・2号車は役割演技です。この「号車」は座席の列を表したものです。鉛筆を渡す役、受け取る役と役割を決めて実演してもらいます。片手で受け取る実演が終わったら、「これから不思議なことが起きます」と子どもの興味をひきます。「今度は両手で受け取ってもらうのですが、片手の時と明らかに違う様子になります。見逃さないでね！」と伝えると、子どもの視線を集められます。

語りのステップ ② のポイント

片手と両手の違いを考えてもらう場面です。見ていた3・4号車の人に「発表してくれる人！」と投げかけます。もしかしたら、いろいろな意見が出るかもしれません。「自然と頭が下がっていた」「お辞儀をしていた」といった意見が出ない場合は教師が「実はね」と伝えます。その上で「今度は3・4号車の人に実演してもらうから見てて！」と後半は1・2号車に見てもらいます。

語りのステップ ③ のポイント

日頃から教師が両手で受け取る行動をするのが、大切です。子どもから提出物を受け取るときは両手で「はい！」「ありがとう」などとひと言添えて受け取ります。軽くお辞儀もします。子どもが「上品だなあ。真似しよう」と思ってはじめて両手で受け取るようになります。

こんな実演も！

教師と子どもで実演することもできます。

子どもに前に出てもらい、教師に鉛筆を貸す場面の役割演技です。

子どもが教師に鉛筆を渡すときに、教師が片手で目を合わさずお礼も言わずに受け取ります。

子どもは「うわあ！ひどい借り方！」などと言うでしょう。

「それでは、どのような借り方が良いかな？」と数名に前に出てもらい実演してもらいます。

鉛筆を貸す役の子に向かって、「先生の受け取り方と違ってどうだった？」と聞くと「貸す方も嬉しい気持ちになった」などと感想を持ちます。

「これからは両手で受け取ろうね！」と促します。

子ども同士のやり取りも注目しておく！

子ども同士のやり取りにおいて、両手で受け取る場面を見かけたら「あっ今○○さん、両手で受け取ったね。上品だね」とフィードバックしてあげるとよいです。

56 過剰な「静かに！」を やめてもらう語り

⏱ 指導時間の目安 **10分**

―「静かに！」が逆にうるさくなる―

語りのステップ

① 「現状把握」：「静かに！」と注意しても変わらない現状を知る
② 「心に響く語り」：「静かに！」が逆にうるさい原因になってしまう語る
③ 「未来を選択させる」：一度伝えたらしばらく何もしないことを伝える

「静かに！」と注意しても変わらない現状を知る

「自習中に注意しても静かになりません！」

「うるさかったのですか？」

「全然、言うこと聞いてくれませんでした」

「静かに！」が逆にうるさい原因になってしまうと語る

「注意してくれた人、ありがとうね。ところで何回ぐらい注意してくれたのかな？」

「注意しすぎてわかりません」

「なるほど。もしかしたら、『静かに！』という声が逆に賑やかな状態にしてしまっていたかもしれないよ。注意をしてくれた人が10人ぐらいいたね。その人たちが何度も何度も注意したら、教室はどうなるかな？」

「騒がしくなります」

一度伝えたらしばらく何もしないことを伝える

「次は賑やかになったら、誰か一人が伝えたら周りはしばらく何も言わないのはどうだろう。試してみよう」

「もちろん、自習と関係ない話をするのは迷惑です。
次は皆で静かな状態を作るようにしよう。次の自習のミッションです。」

自習の課題は極力、一人で黙々とできるものを

自習の時間から教室に戻ると「先生！うるさかったです！」と子どもが駆け寄る場面です。教師が「誰がうるさかったの？」と聞くと「自分だけじゃない！」「ええ！私は静かにしてたのに！」と、さらにもめ事の輪が広がります。注意をしてくれた人を労う方向で指導すると子どもとの関係がギクシャクすることは無くなります。

語りのステップ ① のポイント

出張や研究授業の参観で教室を自習にすることがあります。教室に戻ると「先生！うるさかったです！注意しても聞いてくれません！」といった訴えがよくあります。自習後の教室の指導の難しさは「教師が見ていない」ことにあります。「あなたうるさかったんだて？」と聞くと、「うるさくないですよ！」「他にもうるさい人いたのに！」と返され、最悪の場合は信頼を失ってしまいます。

語りのステップ ② のポイント

うるさかった人をどうにかしようとするよりは、注意してくれた子に感謝する方向で考えると教師の精神的負担も少なくなります。全力で自習に取り組んでくれた子に労いの言葉をかけた上で、「注意するのは先生の仕事なのに、先生の代わりに注意してくれたんだね。嫌な気持ちにさせてしまってごめんね。ひょっとしたら、『静かに！』のたくさんの声が教室を賑やかにしていたかも！」と子どもに気づいてもらいます。

語りのステップ ③ のポイント

「注意するのは先生の仕事だから、これから自習があるときは注意しなくても大丈夫。あまりにもうるさくなってしまったら、誰かが『静かに！』って声をかけると思う。その後は、しばらく注意の声かけやめよう」と語ります。

こんな伝え方も！

静かに！ 　　　　静かに！
　　　静かに！
静かに！　　　　　　　静かに！
　　　静かに！
　　　静かに！
　　　静かに！
静かに！　　　　静かに！

静かに！

黒板を半分に分けて、上図のような板書をします。どちらが「うるさい」か視覚的にわかります。「注意は一度したらしばらく、そのままでいいよ」の語りが説得力を持ちます。

 ## 自習の様子を日記の宿題にする！

「今日の日記のテーマは自習の様子です。先生は、静かに課題に取り組んでいた人を知りたいのです。うるさかった人のことは知りたくないので書かないでください。皆のために声をかけたり行動していた人の名前とどのように頑張っていたか書いてください」と伝えます。翌日の朝の会で取り上げて褒めることもできます。

57 悪口・噂話が嫌になる語り！

🕐 指導時間の目安 **5分**

―悪口は自分に返ってくる―

語りのステップ

① 「現状把握」：悪口、噂話などマイナスな会話があることを知る

② 「心に響く語り」：「鮭の川戻り」の語りをする

③ 「未来を選択させる」：よい言葉を口から出そうと語る

‖ 悪口、噂話などマイナスな会話があることを知る ‖

「先生、○○さんが悪口を言っていました」このような訴えがあります。

場合によっては個別指導も必要です。

今回は全体に向けての語りを紹介します。

「この教室で友達の悪口を言ったり、噂を流したりしている人が何人かいると聞きました。先生も実は知っていました」

鮭の川戻りの語りをする

「友だちの悪口や噂話はしない方がいいよ。必ず自分に返ってくるから。『鮭の川戻り』の話をします。鮭の赤ちゃんは川で生まれて海に行きます。そこで大きくなって、生まれた川に戻ってきます。口に出した言葉も同じで、巡り巡って大きな悪口や下品な言葉に成長して自分に返ってきます」

よい言葉を口から出そうと語る

「逆のことをしましょう。どうせなら友だちを喜ばせる言葉を口から出そう。巡り巡ってあなたの元に返ってきます」

自分の口から生まれた言葉に責任をもつ

「悪口はいけない」「噂話はよくない」と指導することがあります。時には違った角度から、「悪口はいけない」と伝えたいです。

語りのステップ ① のポイント

新しい学級にも慣れてくる頃、友だちの悪口や噂などついつい口に出してしまいがちです。子どもからの訴えから知ることも多いです。全体指導で語るとよいです。

語りのステップ ② のポイント

「鮭が生まれ育った川に戻るように、自分の言葉も大きくなって返ってきます。人間の口から生まれた言葉は口の外に出た瞬間、巡り巡って、いつか再び、言葉を口にした本人の耳に飛び込んできます」

「鮭の川戻り」＝「言葉は自分に返る」を結びつけた語りです。

語りのステップ ③ のポイント

「どうせ自分に返ってくるならプラスの言葉を出していこう」と促します。語りでは、日が経つごとに効果が薄れていきます。他にも「人に頼み事をする」時の語りがあります。以下はフランスのカフェにあるメニューだそうです。

1	「コーヒー」	…900円
2	「コーヒーください」	…550円
3	「こんにちは。コーヒーを一杯ください」	…180円

値段は日本円に換算してあります。これが実際の話かどうか別として「なぜ、同じ味のコーヒーなのに値段が違うのだろうか」と聞くこともできます。「頼み方で値段も変わるのですね。本当のメニューかどうかは別として、とても考えさせられます。教室でも人にお願いするときの言葉遣いは大丈夫かな？」と、友だちとの接し方を振り返ることもできます。

LINEトラブル防止にも！

グループLINEで特定の友だちの悪口を書く、２人のやり取りの中で悪口を伝え合う、こうしたことも必ず自分の所へ返ってきます。グループでのやり取りは必ず外に飛び出し、巡り巡って自分の所へ返ってくるのです。その時は自分が仲間外れにされて悪口を書かれるようになります。

LINEの目的は、震災で電話がなかなか通じない時に安否を確認するために作られたもの。それを悪口が目的で使うのは本当の目的ではない。LINE誕生の経緯を伝えるのも大切です。

 コーヒーの頼み方も自分に返ってくる

「丁寧な頼み方をすれば安い値段、命令するような頼み方なら高い値段が返ってくる。これも自分の言葉が自分に返ってくる話だね」と伝えることができます。

58 クラスの雰囲気をよくする
秘密の恩送りゲーム！

⏱ 指導時間の目安 **30**分

—帰りの会までに秘密の誰かがよいことをしてくれる！—

語りのステップ

① 「現状把握」：世界中の人を幸せにする方法を考える
② 「心に響く語り」：恩送りの語りをする
③ 「未来を選択させる」：幸せになるゲームを提案する

世界中の人を幸せにする方法を考える

映画「ペイ・フォワード」からの語りです。

「ある映画でね。先生がこんな宿題を出したよ。それは世界中の人が幸せになる方法を考えようだって。映画の主人公が黒板に描いた図を今から描くから皆も考えてごらん」

「隣同士で話し合ってもらいます」

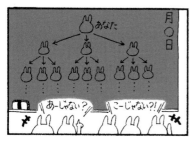

恩送りの語りをする

「自分が３人のために力を貸す。そして、その３人に『僕に恩を返すのではなく違う３人の力になってあげて』と伝える。
そうすると親切が波紋のように広がる。
これを恩送りと言うんだ」

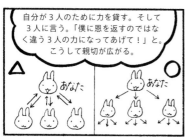

幸せになるゲームを提案する

「この教室でも恩送りゲームをしたいな。
映画とは少し違うゲームだけど。
名付けて秘密の恩送りゲーム！どうだい！」

「やってみたいです！」

指導のポイント

誰かがこっそりと自分によいことをしてくれる！ワクワク感

子どもが朝からワクワクするようになります。準備も楽です。

語りのステップ ① のポイント

漫画の２コマ目にあるような図を板書します。高学年の場合、図を見れば多くの子がわかります。

語りのステップ ② のポイント

恩返しはＡ⇄Ｂの関係です。恩送りはＡ→Ｂ→Ｃ→…と次の人へと繋がっていきます。この関係を板書してあげるとよいです。

語りのステップ ③ のポイント

この語りの最大のポイントです。詳細は右にありますが、簡単な流れとして、

1　朝の会で、クラスの名前が書かれたクジを引く
2　その名前の子に気づかれないようによいことをしてあげる
3　帰りの会で報告し合う

クジを引くときの子どもの顔はウキウキしています。自分の名前を引く子が時々います。「今日は自分を労ってあげる日ですね」と伝えます。

秘密の恩送りをする時期

「明日もやりたい！」と、毎年子どもが言います。一度実践すると学級の解散まで続きます。それほど、子どもは楽しみにしています。この実践を行う時期としては早くても２学期の後半、もしくは３学期がよいです。学級の信頼関係ができあがるのがこの時期であるのが主な理由です。

秘密の恩送りゲーム

0　事前にクジを作る

名刺程の大きさのカード（厚紙）を渡して名前ペンで自分の名前を書いてもらいます。

1　朝の会でクジを引く

集めたカードを袋などに入れてクジを引きます。クジは他の子に見せません。

2　秘密の恩送り

帰りの会までに引いたカードの人に、こっそりとよいことをしてあげることを伝えます。
例えば、

・机上の教科書などをまっすぐにしてあげる
・机の位置を整える
・給食のお盆を片づける
・当番の仕事を手伝う
・褒め言葉を伝える
・一緒に休み時間遊ぼうと声をかける

など簡単なことでよいと伝えます。

3　帰りの会で答え合わせ

よいことをした人の所へ行き「○○をしました」と伝えてもらいます。
その時に、してもらった子に「ありがとう」とお礼を伝えるようにします。

補足　よいことするのを忘れた場合は「ごめんね」と伝えてもらいます。また誰によいことするか名前を忘れた場合もあります。その場合は「先生、私よいことしてもらっていません」と言いに来る子がいるので「○○さんのいいところはね…」と教師がその子のよいところを伝えます。

59 床にあるゴミを拾う人になる！

⏱ 指導時間の目安 **30分**

―大谷選手の行動は真似できるよね！の語り―

語りのステップ

① 「現状把握」：大谷選手のゴミ拾いの動画を見てもらう
② 「心に響く語り」：なぜゴミを拾うのか考えてもらう
③ 「未来を選択させる」：ゴミを拾う一流の行動をしようと伝える

大谷選手のゴミ拾いの動画を見てもらう

教室の床に落ちているゴミに気づける子にしたいですね。

「大谷選手って知ってるかな。海外で活躍するバッターとしても、ピッチャーとしても一流の選手です。大谷選手が野球場にいる時にあることをしています。何をしているか見てみるよ」

大谷選手がゴミを拾う場面の動画を見てもらう。

なぜゴミを拾うのか考えてもらう

「さあ、大谷選手は何をしていたかな？」

「ゴミを拾っていた！！」

「なぜ大谷選手はゴミを拾うのだろうか？」

「汚れが気になるから」

「気が散るから」

「自分もそうだけど、周りの人に落ちているゴミで転んで怪我をして欲しくないってコメントしているよ」

ゴミを拾う一流の行動をしようと伝える

「私たちは大谷選手のような一流の野球選手にはなれないかもしれない。
けれど一流のゴミ拾いは真似できるよね」

率先垂範こそ子どもは見ている！

授業開始の場面、「ゴミが落ちているよ。汚れた教室ではよい授業はできない。一人ひとつ拾おう！」と投げかける時もあります。また、授業中に落ちているゴミを教師が拾います。「ありがとうございます」と近くの子が声をかけてくれることもあります。語りと率先垂範がセットです。

語りのステップ①のポイント

動画を準備するのがポイントです。YouTubeで「大谷ゴミ拾い」と検索するとかなりの件数がヒットします。動画を編集できるならばいくつかのゴミ拾いの動画を組み合わせて編集するとよいです。

語りのステップ②のポイント

ゴミを拾う理由を考える場面です。ここはじっくり考えさせたいです。隣同士で意見交換したり、班で話し合ったりと、様々な意見を出してもらいます。その上で、「ベンチの中だと階段でゴミに滑って転ぶ人もいる。そういうつまらない怪我を自分もそうですけど周りの人にもしてほしくない」といっていることを伝えると子どもは納得します。相手への思いやり行動がゴミを拾うことなのです。

語りのステップ③のポイント

「大谷選手のようなプロ野球選手にはなれないかもしれない。けれど、大谷選手の相手を思いやる行動は真似できる。床に落ちているゴミを拾うことで教室は綺麗になる。そして落ちているゴミで滑る怪我も防いでいる。この一流の行動をぜひ真似しようよ」と投げかけます。

こんな語りも！

大谷選手は、ゴミを拾う理由として「人が捨てた幸運を拾っている」とも語っているそうだよ。
この考え方も真似できるよね。
一つ拾えば一つきれいになります。
この教室には35人います。
一人が35個拾うのは大変だけど、一人が一つ拾うとあっという間にきれいになるね。

子どもたちを特別教室に連れて行く時、教師が先頭に立って連れていきます。廊下にゴミが落ちていたらさりげなく拾ってポケットに入れます。子どもは、そういう行動をよく見ています。率先垂範が大切です。

 教師が率先してゴミを拾うから子どもも真似する

よい語りは子どもの心に響きます。そして「自分もゴミを拾う！」と意気込みます。それでも日が経つと語りの効果は薄れていきます。教師が落ちているゴミを拾う率先垂範こそ、子どもも継続して拾うことにつながります。また、帰りの会の後、教師が箒で教室を掃除すると率先垂範を示すこともできます。

第7章

それでもトラブルが起きてしまったら…
子どもが納得する対応編

60 どうせ無理！が口ぐせの子への語り

―だったらこうしてみよう！―

語りのステップ

① 「現状把握」：「どうせ無理」という子どもの思いをまずは受容する
② 「心に響く語り」：思考が可能性を潰してしまう語りをする
③ 「未来を選択させる」：「だったらこうしてみよう」に変えようと促す

‖ 「どうせ無理」という子どもの思いをまずは受容する ‖

 「無理だよ」「難しすぎる」…

 「諦めの声が先生の耳に入ってきました。何か難しくてできないことがあると、次のどちらかの考えをするみたいです。
１ どうせ無理　２ 努力すればできる
皆はどっちだろう？」

‖ 思考が可能性を潰してしまう語りをする ‖

 「例えば、象使いは、仔象のうちに鎖を大きな木に縛り付けます。そのまま大人になった象には、小さな杭に繋げるだけで充分なのだそうです。もう逃げなくなるから。何で逃げなくなると思う？」

 「諦めたから」　 「無理だと思ったから」

 「仔象は、最初は逃げ出そうと必死です。けれど何度も逃げられない経験をして諦めると、脳がどうせ無理と学習します。だから大人になった象は杭で繋いでも逃げ出さないんだって。簡単に逃げられるのに」

‖ 「だったらこうしてみよう」に変えようと促す ‖

 「人間も同じ。どうせ無理ではなく『だったらこうしてみよう』って前向きに考えるといいよ」

指導のポイント

「だったらこうしてみよう！」

高学年になると「間違えた→恥ずかしい」という経験の繰り返しから発表することに抵抗を感じる子が増える傾向にあります。その気持ちを受け止めつつも、象の鎖の語りをして「本当は大丈夫なのに過去の経験から行動することに臆病になっているだけかもよ」と伝えたいです。

語りのステップ ① のポイント

子どもに理由を発表してもらうとよいです。
「今までもチャレンジして無理だったから」「無理なものは無理だから」これらを全て受け止めて「できない経験を繰り返して、そのような考え方になったんだね」と伝えます。

語りのステップ ② のポイント

できない経験を繰り返すとどうなってしまうか象の語りをする場面です。これと自分の「できない経験の繰り返し」を結びつけます。黒板に簡単な絵があるとイメージが湧きます。

「できないと思えば脳はできない理由を探す。できる！と思えば脳はどうしたらできるか答えを探し出す」と前向きに伝えます。

語りのステップ ③ のポイント

「どうせ無理」→「だったらこうしてみよう！」にシフトチェンジするための問題があります。

> 今から、「計算問題を1000問やってください」って言われたらどうする？

教室から「ぎゃーそんなの無理！！」って声が聞こえそうです。「1日10問なら100日で終わる」こういう考え方を引き出したいです。「だったらこうしてみよう！でしたね。期限が決められていないので自分で決めればいいのです。このように考えるだけでも少しはゴールが見えるよね」と語ることもできます。

こんな語りも！

あきらめると、どんな素敵な過去も後悔になってしまう。でも、あきらめないと、どんな辛い過去にも感謝し笑いにできる。「あの辛い過去があるからこそ、こうやってできるようになった」ってね。過去の辛い経験が感謝に変身するのです！

ステップ2板書例

61 自分もしたのに「やってない！」と嘘をつく子への語り

⏱ 指導時間の目安 **10分**

―人は騙せても自分は騙せない―

語りのステップ

① 「現状把握」：嘘をついているかも知れない場面に出会う
② 「心に響く語り」：人は騙せても自分は騙せないの語りをする
③ 「未来を選択させる」：学校は警察ではなく教育の場であることを伝える

嘘をついているかも知れない場面に出会う

「意地悪したのは謝ります。でもAさんも一緒に意地悪しました」

「え？してません！」 「え？何言ってるの？」

「この部分は2人が食い違っているんだね」

人は騙せても自分は騙せないの語りをする

「人間だから、してはいけないことをしてしまうこともあるかも知れません。大切なのは正直に謝ることです。怒られるかも知れない、嫌われてしまうかも知れない、思わず口から出てしまったなど理由があるのかも知れない。なぜ嘘をつくのはよくないの？」

「周りから信用されなくなるから」

「この先もずっと嘘をついてしまうから」

「どれも正解です。嘘をつくと心が壊れます。人は騙せても自分は騙せない。自分がしたことは自分が一番わかっているから」

学校は警察ではなく教育の場であることを伝える

「学校は警察ではないので調査はしません。嘘をつかないように教育をする場です」

お天道様は見ている

「誰も見ていないからという気持ちで悪いことをしてはいけないよ。昔の人はお天道様が見ているからって戒めたんだよ」と、このような語りもあります。「どうして嘘をつくの?」と叱ることはせずに「次からそのような行動を減らす」方針の方が前向きになります。

語りのステップ① のポイント

子どもの聞き取りの中で「えっ!してません!」と意見が食い違うことがあります。「この点はAさんとBさんでは意見が食い違っているんだね」
と押さえます。「どっちが嘘をついているの?」とやると聞き取りが迷宮入りになってしまいます。時には周りで見ていた子から聞き取りをすることもあります。

語りのステップ② のポイント

他の人から見たら意地悪しているように見えるけど、本人は本当に意地悪をしているつもりがない場合もあります。特に特別支援を要する子に見られます。「意地悪しているつもりはなかったんだよね。でも友だちは嫌がっているからこれからはやめよう」と伝えます。

語りのステップ③ のポイント

トラブルの内容にもよりますが、基本は「学校は警察ではありません。誰が嘘をついているか調べません、次からは起こさないようにとお話をしました」と語ります。

「嘘をついて人を騙すことは、社会のルールでは詐欺罪といいます。
学校はそういう大人にならないために教育をする場です」
と伝えることもあります。

日頃から伝えておきたい

品格とは自分は誰にも恥じる行動をしていないという自信のことです。
例えばテストの時、カンニングで100点取ったとします。
バレなければいいのでしょうか。実力で100点取った人と顔を合わせた時
「自分はその100点取った人と互角の人間だ!」
と堂々とした気持ちでいられるでしょうか?
ズルというのは自分の心を壊していきます。テストなら堂々と30点取り、努力で取り返す!悪い行動をしたら正直に謝り、次の行動で取り返す!
こうやって品格を上げていこう!

嘘をつく原因はいろいろ

「思わず言ってしまい後に引けなくなる」「自分の身を守るため」「精神的に不安になる」など要因はそれぞれです。あまりにも常習的な場合は、学年の先生や教育相談担当の先生にアドバイスを伺うのも大切です。

62 告げ口と相談の違いの語り

⏱ 指導時間の目安 **5分**

―子どもが気持ちよく相談するようになるために―

語りのステップ

① 「現状把握」：困っている友だちの報告を受ける
② 「心に響く語り」：告げ口と相談の違いを語る
③ 「未来を選択させる」：相談は歓迎であることを伝える

告げ口はもめごとをしておきながら自分が不利になり、相手を困らせるために先生の所へ来ること。
相談は自分とは直接関係ないけど困っている友だちのために来ることです。

困っている友だちの報告を受ける

「先生、廊下でAさんのことをバカにしているのを見ました。告げ口したって思われるのが嫌なので私が言ったことは内緒にしてください」

「そんな事があったんだ。教えてくれてありがとう。もちろんあなたのことは内緒にします」

告げ口と相談の違いを語る

「廊下で友だちをバカにしていると聞きました。教えてくれた人は、告げ口と思われるのが嫌なのでと話してくれました。今回のことは相談と言います。告げ口と相談の違いは何でしょうか？」

「告げ口は悪い感じがする」

「相談は悩み事を伝えること」

「告げ口は、もめごとで自分が不利になり、相手を困らせるために先生の所へ来る事です。相談は自分のことを置いて友だちが苦しむのを何とかしたいと願う事です」

相談は歓迎であることを伝える

「自分が嫌な目にあって悩むのも立派な相談です。
相談はいつでも遠慮なくきてください」

指導のポイント

必ず双方から話を聞く

「先生！Ａさんにぶたれた！」のような報告はよくあります。双方から事情を聞くとお互いに悪いところがある場合が多いです。そのためにも双方から話を聞きます。「どうやらＡさんにぶたれる前にあなたも嫌なことしているみたいだね」と確認する事ができます。

語りのステップ ① のポイント

困っている仲間の報告をしてくれた子を労います。そして名前は出さないこと、報告の内容は告げ口ではないことを伝えます。

語りのステップ ② のポイント

子どもからたくさん意見を発表してもらいます。子ども集団の教育力を高めるためです。多くの意見を出した上で、

> 自分優先が告げ口
> 相手優先が相談

とキーワードを板書するとよいです。

語りのステップ ③ のポイント

「複数の人から嫌がらせを受けて辛いけど自分優先だから告げ口になってしまうのかな」と思ってしまう子もいます。「自分が嫌な目にあって悩むのも立派な相談です。遠慮なく先生のところに来てください」と伝えると安心します。

こんな語りも！

> ２学期後半になり学級が安定した頃ならば、
> 「そのトラブルは先生が出ていかないと解決できないこと？
> それとも自分達で何とか解決できそうなこと？」
> と聞き、解決できた報告を受けた時に
> 「先生がいなくても自分達で解決できて一つ上の学年だね」
> と労うこともできます。

それでも告げ口に来る子には

告げ口と相談の違いを明確にすると小さなトラブルの報告が減ります。それでも告げ口に来る場合もあります。両方を呼び事情を確認します。「二人から話を聞くとお互い様でしたね。自分優先で先生の所に来るのを何と言うのでしたっけ？」と聞くことで語りの内容を思い出してもらう事ができます。

63　専科の時間にふざける子が心から反省する語り

⏱ 指導時間の目安 **10分**

―専科の先生から「AとBが授業中に騒がしいのですが」と相談を受けたら―

語りのステップ

① 「現状把握」：ふざけていた子どもから事情を聞く
② 「心に響く語り」：「ふざけた」行動が、いかに相手の気分を害するかを語る
③ 「未来を選択させる」：子どもから「謝りたい」と言わせる

ふざけていた子どもから事情を聞く

音楽専科の先生が男子2人を連れて教室に来ます。
「2人は音楽の時間、やる気がありません」

　「ご心配おかけしました。2人と話をします。
　わざわざご指導ありがとうございました」

　「何があったのか聞かせてくれる？先生はその場にいないので」

　AさんとBさんが現状を話します。

「ふざけた」行動が、いかに相手の気分を害するかを語る

　「2人はサッカーチームに入っているね。もし試合でチームメイトが両手をポケットに突っ込んでやる気なさそうにしてたらどう思う？」

　「やる気があるのか！って思います」

　「それと同じことを音楽の先生にしたのです。サッカーの試合も音楽も同じ。あなたたちがサッカーを大切と思うくらい音楽の先生は授業を大切にしているのです」

子どもから「謝りたい」と言わせる

　「音楽室にこれから戻るけど、○○先生（専科）に何て伝える？」

　※きっと「謝りたい」と言うでしょう。

　「じゃあ先生もついて行くから。
　一緒に行こう」

自分が夢中になっていることを否定されたら？という視点で眺めさせる

専科の先生が担任に訴えるほどになるまでに、2人は小さな「おしゃべり」「だらける行動」を積み重ねてきたのでしょう。その積み重ねがついに専科の先生を怒らせてしまったのです。

「あなたが夢中になっていることを否定されたらどう思う？」と問うことで自分の行動を客観的に振り返ってもらうことができます。

語りのステップ①のポイント

まずは専科の先生に「ご心配をおかけしました」と受けます。子どもを引き取って、「こちらで指導しますから」と受けることが指導の第一歩になります。次に必ず子どもの口から何があったか言ってもらうようにします。担任はそれを聞きながら「そうか、そうか。そういうことをしてしまったのか」と受けてあげることができます。

語りのステップ②のポイント

行動を振り返ってもらいます。「自分がされて嫌なことを、相手にもしていた」と相手意識に立ってもらいます。自分が夢中になっていることを否定されたら誰でも嫌な気分になります。これで自分の非に気づくことができます。

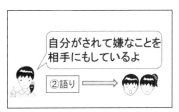

語りのステップ③のポイント

子ども自身に「悪いことをしてしまった」と思ってもらい、自ら謝るように納得してもらうのが大切です。万が一「やだ！」となった場合「そうか、代わりに私が○○先生に謝ります。ただし、もうこういうことはしないでほしい。約束できる？」と伝えます。

 他にもこんな場面で応用できる！

「グループでの話し合いに乗り気でない」「体育のゲームで前向きに参加しない」などの場面でも、「もし、自分が好きなことをしているときに友達が全然乗り気じゃなかったらどう思う？それと同じ態度をしているんだよ」と語ることもできます。

64 「好きな人をバラした！」と 怒っている子への語り

⏱ 指導時間の目安 **10分**

― 「誰にも言わないで」は数分後には全員知っている―

語りのステップ

① 「現状把握」：子どもの訴えを聞く
② 「心に響く語り」：好きな人は内緒にできないことを語る
③ 「未来を選択させる」：バラされてもいい人だけ言おうと伝える

子どもの訴えを聞く

 「先生！Ａさんが私の好きな人をバラしました！」

 「それは残念だね。」

好きな人は内緒にできないことを語る

 「内緒にという約束なのに好きな人をバラされた経験がある人？好きな人を伝える人と、バラす人のどちらが悪いのだろうか？」

 「バラす人。秘密を守らないから」

 「好きな人を言う人。バラされるの嫌なら言わなければいいから」

 「どちらにも悪いところはあります。皆さんに知っておいて欲しいことがあります。それは好きな人を聞かされて内緒にするのは難しいということです。そして５分後にはほぼ全員が知ることになります」

バラされてもいい人だけ言おうと伝える

 「好きな人がバラされてもいいなら友だちに伝えましょう」

148

指導のポイント

トラブルの予防として語る

事が起きてから語るのもよいですが、予防のために語るとよいです。学級の友だち関係が出来始めた6月頃、学級が安定してきた2学期の半ばなど学年・学級の実態に応じて語ります。

語りのステップ ① のポイント

バラされて嫌な思いをしている気持ちは受け止めます。その上で伝えます。

「内緒にしたのに約束を破られたのは嫌だよね。クラス全体に伝えたいけどいいかな。もちろんあなたの名前は出さないし、好きな人をバラされたではなくて秘密をバラされたって感じで伝えたいんだ」
と特定できないように本人から了承を得ます。

語りのステップ ② のポイント

1　内緒ね！と好きな人を言う人
2　好きな人を友だちに言う人
の選択の場面では、理由をたくさん出してもらいます。子ども集団の教育力を引き出すためです。その上で、「皆の理由を聞くとどちらも悪いと言えるかも知れないね」とまとめます。

語りのステップ ③ のポイント

「次、このようなことがあっても『だから言ったでしょう』とひと言伝えて終わりにしますからね」と念を押します。

 1週間様子を見て褒める

語りをして1週間ほどしたら学級を褒めます。「あれから1週間経ちました。好きな人をバラされたと言うトラブルは一つも聞いていません」こうして教師の話は説得力があることを子どもが知り、尊敬するようになります。

65 小さなもめごとを
短時間で解決する語り

⏱ 指導時間の目安 **10分**

―このまま3月まで言い合いを続けたいですか？―

語りのステップ

① 「現状把握」：子どもの訴えを公平に聞く
② 「心に響く語り」：どうすればよかったか子どもに語ってもらう
③ 「未来を選択させる」：お互いに悪かったことを謝ってもらう

子どもの訴えを公平に聞く

「先生！Ａさんがぶってきました！」

「あなたが先に変なこと言ってきたからでしょ！」

どうすればよかったか子どもに語ってもらう

「2人はこのまま3月まで言い合いしていたいの？」

「それは嫌です」

「そこはお互いに納得しているのですね。ならばどうすればこのようなことにならなかったか考えよう。先生はどちらが悪いか裁判するために聞くのではありません。まずはＡさんから聞きます」

「さっきＢさんと話をしていて…」

「この部分はＢさんにちょっと悪かったなあという所を教えて」

「強い言い方をした所です」

同様にＢさんからも話を聞く。

お互いに悪かったことを謝ってもらう

「お互いに少しは悪いところがあったのですね。そこだけ謝って終わりにしませんか？」

「はい」

「どちらから謝る？はい！じゃあＡさんから」

このまま3月まで言い合いしたい？

小さなもめごとであれば1年間も続けたいとは思いません。まずはここを確認します。「2人ともなんとか解決する方向にしたいということは同じ意見だよね」と前提を作ります。

減多にありませんが「別にいいです」と言った場合、学級目標に照らし合わせます。「皆で決めた目標だからそこは守ろう」と解決していこうと投げかけます。

語りのステップ ① のポイント

「先生〜○○さんが！」の場面です。

必ず両方の子どもを呼んで聞き取りをします。片方からの訴えだけ聞いて相手に指導するとお互いが納得しないばかりか保護者から苦情を受けることにもなりかねません。

語りのステップ ② のポイント

最初に「お互いに3月までずっと言い合いをしていたいのですか？」と聞きます。

大抵の場合「それは嫌です」と答えるので、「その部分は2人とも同じ方向を向いているのですね」と解決策を話し合う段階に移行することができます。

次に
「先生はどちらが悪いか決めるために話を聞くのではない。どうしたらこのようなことにならなかったか一緒に考えたい」と伝えることで双方に安心してもらいます。

最後に順番に「されて嫌だったこと」、そして「してしまったこと」を話してもらいます。

語りのステップ ③ のポイント

お互いに悪かったところだけ謝ります。謝り方は「〜してごめんなさい」と話型を教えます。

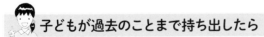 子どもが過去のことまで持ち出したら

聞き取りをする途中で「1週間前に」「去年も」と過去のことを持ち出す場合があります。「今の話し合いはこのことだけにしよう。永遠に終わらなくなるから」と伝えます。

66 学校を抜け出した子への語り

⏱ 指導時間の目安　　なし

―見つかってよかった！まずは安心する―

語りのステップ

① 「現状把握」：見つかって安心したことを伝える
② 「心に響く語り」：教師が探していた状況を語る
③ 「未来を選択させる」：その行動を「社会のルール」に置き換える

見つかって安心したことを伝える

👤「無事でよかった。すごく心配しました。どうして学校を抜け出したの？」

👥「学校がつまらないので抜け出そうか、となって本当にやりました」

教師が探していた状況を語る

👤「私たちは本気で探したんだよ。他のクラスの仲間も職員室の先生方も学校中を探したよ。全ての教室、屋上に続く階段。命が亡くなっていたらと不安になった」

その行動を「社会のルール」に置き換える

👤「学校がつまらないからとあなたは言ったね。もし大人がつまらないという理由で仕事をしないなら多くの人に迷惑をかける。電車の車掌さんがつまらないからという理由で電車を抜け出すだろうか。何十万の人々の仕事をストップさせてしまうことになる。

あなたたちはそれと同じことを私たちにしたのです。

これから親に迎えにきてもらうから家でも話し合ってほしいな」

学校全体で対応する

もし、学校から脱走するようなことがあったら担任一人で抱え込まず、学年主任にすぐに伝えます。生徒指導担当、管理職と連絡が流れるので学校の方針に沿って解決にあたります。学校の指導の中で、「担任の先生から」となった時の語りとして参考になればと思います。

語りのステップ ① のポイント

職員室の先生方で探す案件です。まずは見つかって安心したことを子どもに伝えます。担任だけでなく、生徒指導担当や管理職もいると思います。安心した後は「どうして抜け出してしまったのかな？」と理由を聞き取ります。

語りのステップ ② のポイント

理由として２つのどちらかだと考えられます。

1 悪ふざけで脱走した
2 （いじめなど）嫌なことで脱走した

左ページの事例は「１」を想定しています。しかし「２」の場合は別の対応が必要になります。「教室に居たくないほど嫌だったんだね。それで抜け出したんだ。気づかなくてごめんね。これからあなたが教室に居られるように絶対に守るからね」と少しでも不安を取り除く声かけが必要になります。

語りのステップ ③ のポイント

放課後、そのまま下校となるか保護者に引き取りにきてもらうかは管理職の判断になります。
悪ふざけが原因ならば、「あなたの悪ふざけのために多くの先生方や仲間が心配し、時間を割いて行方を探したのです。親にもしっかりと話をしてもらうよ」と伝えます。

 社会のルールではこうなります

軽はずみな言動を社会のルールに置き換えて伝えます。いかに迷惑をかけてしまったか実感してもらいます。「あなたたちを探すのにどれだけの人が関わったと思う？」と聞くのも有効です。

67 お菓子を食べた子がいた時の対応

⏱ 指導時間の目安　**なし**

―学校は警察ではなく教育をする場所―

語りのステップ　＊学年共通で指導する流れを想定しています

① 「現状把握」：ルール違反があることを具体的に伝える
② 「心に響く語り：語りの後、紙に知っていることなど書かせる
③ 「未来を選択させる」：自らルール違反を詫びる場を設ける

最近、学校のルールを守らない人がいます。これは学校に持って来てはいけないことになっています。

ざわ　ざわ
あめ玉

‖ ルール違反があることを具体的に伝える ‖

「最近、学年のルールを守らない行動があります。お菓子は学校に持ってこないルールです。しかし、こっそりとやりとりをする、食べることがあるようです。先生たちはおおよそのことは知っています」

ルールを守る人が損をすることがあってはいけません。学級集団はこういうところから崩れていきます。

‖ 語りの後、紙に知っていることなど書かせる ‖

「ルールを守る人が損することがあってはいけません。家に帰るまでお菓子を我慢する子がほとんどです。今から紙を配ります。自分がしたことは全て書きます。見た人はそのことも書きます。

注意できないならば紙に書くことで先生に相談するのです。それが本当の友達です。もし、自分は何もしていない、見てもいないと言う人は話を聞いた感想を書きます」

紙を配ります。
自分がしたことは全て書きます。見た人はそのことも書きます。自分は何もしていない、見てもいない人は感想を書きます。

‖ 自らルール違反を詫びる場を設ける ‖

「学校は警察ではないので犯人探しはしません。ただ、紙に名前が出てきたらその人を呼んで話を聞くことはあります。そうなる前に自分から正直に報告に来ましょう。その方が潔いです」

紙に名前があったら、その人を呼んでお話を聞くこともあります。
ですから正直に全て書きます。

かき　かき

指導のポイント

子ども集団の教育力を使う

教師の話が長くなると子どもは飽きてしまいます。時々「こういうことをする人は酷いと思う人？」と手を挙げる場面を作ったり、「ルール違反をして自分だけ満足する人をどう思う？」と数名に発表してもらう場面を作ると教師の一方的な語りにならなくなります。

語りのステップ ① のポイント

子ども集団の教育力を使います。「お菓子を持ってくるのはズルイと思う人？」「ルールを破り勝手なことをするのが少しでも許せない人？」など、全員が手を挙げざるを得ない場面を作ります。また、「ルールを破り自分だけ美味しい思いをする人をどう思いますか？」といくつかの列を指名して感想を発表してもらうのも大切です。教師の語りだけでなく子どもも話す場面を作ります。

語りのステップ ② のポイント

紙に書いてもらう前に「全て書いてください。もし知っているのに書かなかった、一緒に食べてしまったのに自分は何もしていないと書いても、他の子が正直に書いてくれます。そうなってしまったら、先生は悪いことをした人を守ってあげられなくなります。逆に正直に書いた方がいいです。悪いことをしたのだから怒られます。けれど隠した後で『実は…』と言われても守ってあげられません」と伝えると正直に書きやすくなります。

語りのステップ ③ のポイント

名乗り出ないことを前提にした方が気分的に楽です。正直に名乗り出た場合は指導をします。その上で「したことはいけない。けれど正直に言いに来たことは認めます。先生たちが見ているのはこれからの行動です」と伝えます。

紙に書く前にひと言

自分は知っているけど正直に書いていいか心配に思う人に伝えます。もしかしたら「ちくった」と思うかもしれない。それはルールを守らない人の自分勝手な価値観でしかありません。
どうぞ「ちくった」と思わず「相談」という考え方で紙に書いてほしい。
悪いことをした人をそのままにする方がその人のためにならないから。
もちろん書いた人が誰かなんて絶対に言わないから大丈夫です。

 再発防止が最優先です

誰がやったかわからない場合もあります。「学校は警察ではないので犯人探しはしません。二度とこのようなことが起こらないように教育をする場です」とまとめると後味が悪くなるのを防ぎます。

68 落書きが出てきた時の対応

⏱ 指導時間の目安　なし

―知っていると安心する３つのステップ―

語りのステップ→学年で共通で対応する場合

① 「現状把握」：事実を伝える
② 「心に響く語り」：語りの後、紙に知っていることなどを書いてもらう
③ 「未来を選択させる」：学校は教育をする場であることを伝える

先程机の中からこのような物が出てきました。誰かが意図的にしたのです。

家から一歩出たら社会のルール。Aさんの心は傷つきました。法律では侮辱罪といって、相手の心を傷つける犯罪です。

紙を配ります。今回の件で何か知っていることがあったら全部書いてください。何も知らない人は今回の件の感想を書きます。

学校は教育をする場です。警察と違って犯人探しするのではなく、いかにいけないことをしたか、そして二度とこのようなことがないように教える場です。

事実を伝える

 「先程、ある人の机にこのような物が入っていました。

欠席した人にメッセージを送るとしたらどんなこと書きますか？」

 「元気になってね」「待ってたよ」

 「けれど、その人の机に入っていたのはこの相合傘です。自分がもし、こういうことをされたら嫌だなとちょっとでも思う人？残念ながらこの教室にいる可能性が高いのです」

語りの後、紙に知っていることなど書いてもらう

 「家から一歩出たら社会のルールに従います。Aさんの心を傷つけました。法律では傷害罪といって人の心を傷つけた罪です。Aさんを馬鹿にしています。これは侮辱罪という立派な犯罪です。それぐらいのことをしたのです。

先生は皆さん全員の大切な命を預かっています。これから紙を配ります。今回の件で何か知っている人がいたら全部書いてください。何も知らない人は、感想を書きます」

学校は教育をする場であることを伝える

 「ここは警察ではなく学校です。社会のルールでは犯罪であることを伝えました」

教師が味方になることで少しでも安心してもらう

「嫌な思いをさせてしまったね。ここから先は必ずあなたを守るからね」と伝え、まずは学年主任に一報を入れる所からスタートします。

語りのステップ ① のポイント

まずは、辛い思いをさせてしまったことを気にかけます。本人の許可を得てすぐに教室全体で話すことを伝えます。

> 許可を得るとよいこと
> 1　全体に伝えてよいか
> 2　あなたの名前を出してよいか
> 3　大まかな話の流れ「こんな感じで伝えるけどいいかな」と確認して安心してもらう。

同時に学年主任（生徒指導主任）にも伝えます。本人に何か心当たりがある場合は、別室などで具体的に聞き取りをします。聞き取りも複数の教員で聞くなど学校の対応法に従います。

語りのステップ ② のポイント

教師の語りと同時に子ども集団の教育力も活用します。

> 「こういうことをする人を許せない人？」
> 「こういうことをする人がこの教室にいる可能性が高いのです。
> こういうことを書く人をどう思いますか？」

と全体に聞けば子どもから、「こういうことをされると学校に行きたくなくなります」「人として許せません」など感想が出され、クラスも敵に回していることを伝えます。

紙に書いてもらう場面では、「何も知らない」子がいます。その子も鉛筆を走らせる状態を作ります。「何も知らない人は感想を書きます」と伝えることで全員が同時に鉛筆で書いている状態を作ります。

語りのステップ ③ のポイント

保護者に謝罪の連絡を入れます。「教室ではこのような対応をさせていただきましたが、それでも誰がやったかはっきりしませんでした。二度とこのようなことがないようにお子さんを見守っていきます」。早い対応は理由説明になりますが、遅い対応は言い訳になります。

紙に書いてもらう場面

「もし何かこのことで知っている、見た、聞いたことがあったら全部書いてください。その人の名前も書いてください。大丈夫です。先生しか読みません。皆の前で読み聞かせをすることは絶対にしません。これから机を離して書きます。
一番辛いのはこれを書かれた○○さんです。今回のことを何も知らない人は、先生の話を聞いた感想を書いてください。そして最後に、もし自分がやってしまったという人は正直に書いてください。してしまったことは仕方ありません。しっかりと○○さんに謝って償いましょう。
もし何も書かずに他の紙からあなたの名前が出てきたら先生はもう責任は持てません。校長先生、家の人の前でじっくりと話すことになります」

69 「死にたい」と書いてきた時の対応

⏱ 指導時間の目安　**なし**

―まずは「こんな大切なことを教えてくれてありがとう」―

語りのステップ

① 「現状把握」：静かな別室で話を聞く
② 「心に響く語り」：先生たち全員が味方で力になることを語る
③ 「未来を選択させる」：気が少しでも楽になる方法を一緒に考えようと伝える

静かな別室で話を聞く

Aさんを別室に呼ぶ（養護教諭にも入ってもらいます）。

「Aさん、日記見せてもらったよ。すごく大切なことを教えてくれてありがとう。私のことを信頼しているから書いてくれたんだよね。先生にお話しすると少しは気が楽になるよ。保健室の先生も是非聞きたいって来てくれたよ。よかったら書いてくれたことをもう少し詳しくお話ししてくれるかな？」

「実は家のことで…」

子どもの話を聞く。

先生たち全員が味方で力になることを語る

話が一通り終わって。

「ありがとうね、たくさん話してくれて。こんなに辛い思いをして教室に来てくれたのに気づけなくてごめんね。
もう先生は何があってもAさんの味方だよ。そして先生たち全員がAさんの力になりたいって動いてくれるからね。辛くて心が疲れちゃったよね」

気が少しでも楽になる方法を一緒に考えようと伝える

「Aさんが少しでも楽になるにはどうするか、一緒に考えさせてね」

担任一人で抱え込まずに組織で対応する

重大事です。担任一人ではなく組織対応の案件です。すぐに管理職に報告をして指導を仰ぎます。万が一のために今回の語りが参考になれば幸いです。

語りのステップ ① のポイント

子どもに「日記読んだよ、ありがとう。お話聞きたいけどいいかな？」と子どもに聞きます。次のことも付け加えます。「日記の内容すごく大切なことだからさ、いろいろな先生に知ってもらうとＡさんも安心できると思う。まずは校長先生に知ってもらいたいけど伝えてもいい？」と聞きます。「それは嫌です」と返答があった場合も「わかったよ」と言いながらも校長先生に報告します。校長先生には「子どもには校長先生に言わないでと言われたのですが、大切な案件なので」と伝えます。

語りのステップ ② のポイント

話を聞くときは、「そ」のつく言葉で相槌を打ちます。「そうだったんだ」「それは辛かったね」「そんなことがあったんだね」と聞くとよいです。最後に「何があっても味方だよ」「○○さんの力になるからね」と少しでも安心できるメッセージを伝えます。聞き取りが終わり次第、すぐに管理職に報告します。子どもへの対応、保護者への連絡など校長先生から方針が出されるはずです。

語りのステップ ③ のポイント

学校の対応の方針に沿って動きます。担任としては「○○さんが少しでも気持ちが軽くなればと先生たちで知恵を出し合ったよ。こんな感じでいきたいと思うんだ」と伝えるとよいです。

 担任を信頼しているからこそ

担任になかなか話せないことも日記なら伝えやすい子もいます。「こんなに大切なこと書いてくれてありがとう。先生は○○さんの力になるからね」と伝えることからスタートします。

命のバトン

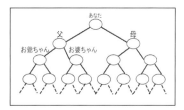

命のバトンは長期休み前に全体に語ります。

あなたがいます。父と母がいます。

事情があってご両親がお揃いでない家庭もあるかもしれません。

ご両親にもあなたたちから見たらお爺ちゃん、お婆ちゃんにあたる方がいます。その先もずっと命がつながっていたのです。もし、この命のバトンの途中で誰か一人でもバトンを繋がずに病気や事故、もっと昔には戦争で命を落としていたら、あなたはここにはいないのです（実際に一箇所消すと繋がりが途絶えるのが分かります）。

皆も何百年も続いた先祖からの命のバトンを次に繋げるんだよ。

あとがき

　私が出会った尊敬する先輩教師たちを思い出すと、絶対に子どもにしない指導がありました。

　それは、長々とした説教です。子どもに指導するときも短くあっという間でした。長々とした説教をしない代わりに子どもに説得力のある語りをしていました。その昔、インフルエンザで翌日から私の学級が閉鎖になった時のことです。子どもは「ヤッター！」と大喜びです。放課後、「竹岡さん、学級閉鎖になるとわかった時、子どもに喜ばせてはいけないよ」と先輩教師に言われました。その方は、インフルエンザが流行る時期になると必ず教室で語っていたそうです。「インフルエンザで休みになって喜びたい気持ちはわかる。でもね、皆が休むその裏ではインフルエンザで苦しむ仲間がいることを忘れないでほしい。喜ぶなら土日や祝日。だって皆が喜ぶから」と。

　名言の一つに「優れた教師は子どもの心に火をつける」がありますが、まさに教師の私も火がついた瞬間でした。さらに、尊敬する向山洋一先生の算数セミナーでのことでした。向山先生が算数の模擬授業をされた場面です。教科書の表をノートに写すよう指示が出ました。その時の語りが今でも忘れられません。「中学、高校ではもっと難しい表や図を写す場面があります。小学校はその出発点です。定規を使って丁寧に写しましょう」聞いた瞬間に「写したい！」と思うと同時に「このような語りをすれば納得して行動するな」と感じたのです。以来、算数や理科で表や図を写す場面では毎回この語りを使わせてもらっています。

　原稿執筆にあたり各ページの四コマ漫画を作成いただいた宇佐木みみさんには大変お世話になりました。また、全ての原稿を「読者に伝わりやすいか」「教室で再現しやすいか」の視点で検討してくださった勉強会の多くのメンバーにも感謝です。そして、企画の段階から親身になってご助言下さった学事出版の三上直樹様のおかげで本書が世に出ます。感謝申し上げます。

　教師生活も20年を越えました。高学年を担任することが多い今、語りの大切さが身に染みてわかります。本書をお読みいただき、「語り」の威力を実感していただけたらこんなに嬉しいことはありません。

2023年1月

竹岡正和

■著者

竹岡 正和

千葉大学教育学部卒業、現在、さいたま市内小学校教諭。
単著に『国語を核にする学級経営』、共著に『あなたの国語授業を直します』
『国語教科書のわかる教え方　3・4年』『「国語」授業の腕が上がる新法則』
(いずれも学芸みらい社) がある。

■イラスト・マンガ

宇佐木みみ

納得！

語りで子どもを動かす学級経営

2023年3月1日　初版第1刷発行
2023年4月30日　初版第2刷発行

著　者　竹岡正和
発行者　安部英行
発行所　学事出版株式会社
　　　　〒101-0051　東京都千代田区神田神保町1-2-5
　　　　電話03-3518-9655
　　　　HPアドレス　https://www.gakuji.co.jp

デザイン・装丁　株式会社明昌堂
印刷・製本　研友社印刷株式会社